ANDREAS NEUENKIRCHEN

KAWAII
MANIA

Japans niedlichste Abgründe

Folgen Sie uns!

Wir informieren Sie gerne und regelmäßig über Neuigkeiten aus der Welt des CONBOOK Verlags. Folgen Sie uns für News, Stories und Informationen zu unseren Büchern, Themen und Autoren.

www.conbook-verlag.de/newsletter

www.facebook.com/conbook

www.instagram.com/conbook_verlag

1. Auflage
© Conbook Medien GmbH, Neuss 2019
Alle Rechte vorbehalten.

www.conbook-verlag.de

Dieses Werk wurde vermittelt durch Aenne Glienke | Agentur für Autoren und Verlage, www.AenneGlienkeAgentur.de.
Einbandgestaltung: Andrea Janas, München
Einbandinnenseiten: Mariam »Machi« Taherpour
Satz: Weiß-Freiburg GmbH – Grafik und Buchgestaltung
Druck und Verarbeitung: Himmer GmbH Druckerei, Augsburg

Printed in Germany

ISBN 978-3-95889-198-2

INHALTSVERZEICHNIS

KAWAIIstory
Eine kurze Geschichte der Niedlichkeit

 **LETZTENS KAM MAL WIEDER POST** vom Finanzamt in Meguro, dem Stadtteil Tokios, in dem ich lebe. Dreimal war das Maskottchen der Behörde auf dem Umschlag abgebildet. Es flog, es tanzte, es freute sich einfach.

Des Umschlags Inhalt bereitete mir weniger Vergnügen; es handelte sich um die Ermahnung, dass ich meine ordnungsgemäß erklärten Einkommenssteuerbeiträge gefälligst auch noch zahlen müsse. Darauf reagierte ich mit einem unkontrollierten Kraftausdruck, den ich hier nicht gedruckt sehen möchte. Beim ersten Anblick der Verpackung hingegen stand ein anderes, weitaus zärtlicheres Wort im Raum: »Kawaii!«

Manche meinen, es sei das wichtigste Wort der japanischen Sprache. Das ist übertrieben, ich würde es eher auf dem dritten Platz verorten. Allerdings bringt es mehr Glocken zum Klingen als die beiden legitimen ersten Plätze, *sumimasen* (Entschuldigung) und *daijoubu* (in Ordnung).

Kawaii heißt ›niedlich‹, in erster Linie. Aber ebenso ›liebenswert‹, ›charmant‹ und ›wertvoll‹. In gewisser Hinsicht zumindest. So mancher Manga-Kitty-Einhorn-Plastiktand ist sicherlich nicht im herkömmlichen Sinne wertvoll. *Kawaii* mag er dennoch sein. Warum auch nicht: Wäre es nicht eine schreckliche Welt, würden wir Wert lediglich monetär bemessen? *Kawaii* liegt immer im Auge des Betrachters, folgt keinem objektiven Standard. Auf Schönheit kann man sich einigen, über *kawaii* darf man streiten. Der Hauptunter-

Unwiderstehliche All-Ages-Tragetaschen aus der Kollektion von Kawaii-Guru Sebastian Masuda

schied laut führenden Kawaii-Experten: Für wahre Schönheit ist einzig und allein die Natur zuständig. *Kawaii* kann derweil von Menschen geschaffen sein. Kann massenproduziert werden. Ganze Industriezweige leben davon, und zwar nicht zu schäbig.

Kawaii ist überall, kennt keine Altersgrenzen. Hole ich meine fünfjährige Tochter aus dem Kindergarten ab, kann ich in dessen wuseligem Ankleidebereich bisweilen nicht unterscheiden, welches niedliche Täschchen einem kleinen Kind und welches einer jungen Mutter gehört. Darüber hinaus befremdet es mich keineswegs, dass der Kindergarten seine Rechnungen mit Hello-Kitty-Briefmarken frankiert versendet. Als wollten sie die Herzen der Kinder erobern und nicht die Geldbörse der Eltern.

Snoopy, der Bonsai und die frommen Frauen

Die erste verbürgte Verwendung des Begriffs findet sich in *Die Geschichte des Prinzen Genji* von Murasaki Shikibu (lebte und schrieb um 1100). Das Werk wird vielfach als erster Roman der Welt gesehen (eine Sichtweise, der ebenso vielfach vehement widersprochen wird). Die Verwendung dort ist allerdings eher mit ›bedauernswert‹ zu übersetzen (der für den japanischen Small Talk ebenfalls unentbehrliche Begriff *kawaisou* hat noch heute diese Bedeutung, wird jedoch mit anderen Zeichen geschrieben als das *kawaii* der Niedlichkeit). Etymologisch geht der Ausdruck zurück auf *kao hayushi*, einem Begriff fürs Erröten vor Scham (wörtlich in etwa: ›erleuchtetes Gesicht‹).

In späteren Jahrhunderten wurden Frauen auch ohne Bedauern als *kawaii* bezeichnet. Dies geschah, als sich unter konfuzianischem Einfluss die Wahrnehmung von Weiblichkeit änderte: Wurden Frauen zunächst als animalische und dämonische Geschöpfe betrachtet, sah man sie inzwischen lieber als die personifizierte Frömmigkeit. Die Bedeutung von *kawaii* wandelte sich dabei langsam zur heutigen Definition. Inflationär eingesetzt wird der Begriff indes erst seit den Siebzigern, dem visuell weltweit befriedigendsten unter allen bisherigen Jahrzehnten. Nach derzeitigem Kenntnisstand muss in jener Ära der Urknall der modernen Kawaii-Kultur stattgefunden haben. Insbesondere Mädchen wetteiferten um die niedlichste Handschrift und die süßesten Accessoires. Explosionsartig wurden Artikel mit den Figuren der amerikanischen Cartoon-Serie *Peanuts* populär, insbesondere Snoopy hatte es den Konsumentinnen angetan. Seine Beliebtheit war dabei rein ästhetischen Aspekten geschuldet. Die Geschichten, die in Comics und Filmen über Charlie Brown und seine Freunde erzählt wurden, kannten die wenigsten Japaner. Eine japanische Freundin fragte mich einmal: »Was ist für

Internationale Ikonen: Snoopy-Bildnis und Schiller-Gedicht in Yokohama

dich der Unterschied zwischen Snoopy und Hello Kitty?« Die Frage traf mich völlig unvorbereitet, denn ich hatte Snoopy immer als einen Hund mit Eigenschaften gesehen, einen echten Charakter, eingebettet in die *Peanuts*-Saga, Kitty hingegen als eine non-narrative Zierde. Ich wäre nie auf die Idee gekommen, sie in einen Topf zu werfen.

Auf die Frage gibt es selbstverständlich keine falsche oder richtige Antwort. Außer vielleicht: »Für mich ist das eine ein Hund, das

Als Bonsai verniedlichen Japaner Bäume lange vor dem Kawaii-Boom der Neuzeit.

andere eine Katze.« (Der Hinweis auf die individuelle Wahrnehmung ist wichtig, denn offiziell ist Kitty keine Katze. Darüber wird noch zu sprechen sein.) Vielmehr zielt die Frage ab auf eine Diskussion von östlichen und westlichen Niedlichkeitsstandards. Manche meinen, es sei das liebste Diskussionsthema der Japaner. Ich würde es eher auf dem dritten Platz verorten, nach Essen und Wetter.

Japans Faszination mit niedlichen Dingen wird mitunter auf einen Rückzug ins Infantile nach der Niederlage im Zweiten Weltkrieg zurückgeführt. Doch bei genauerer Betrachtung ist das Ganze keineswegs ein Nachkriegsphänomen. Schon seit dem 6. Jahrhundert werden Bäume als Bonsai verniedlicht. Außerdem wurden bereits vor 400 Jahren kleine geschnitzte Holzfiguren gesammelt, sogenannte *netsuke*. Sie halfen bei der Befestigung von Tragetaschen und Behältnissen am Kimono, der selbst über keine Taschen verfügt. Mit ihren Darstellungen von Tieren, Blumen und Früchten ging ihr Zweck über den reinen Nutzwert hinaus.

Der Autor Tomoyuki Sugiyama glaubt, dass die Vorliebe der Japaner für Niedlichkeit mit der Harmoniesucht der Landeskultur zusammenhängt. Niedlichkeit ist Fassade, Fassade ist wichtig. Große Gefühle werden nicht großartig öffentlich gemacht. Die Mitmenschen sollen nicht verletzt werden, und durch Niedlichkeit wurde noch nie jemand verletzt. Der Soziologe Nobuyoshi Kurita sieht in der Niedlichkeit eher die Zukunft als die Vergangenheit Japans. Dem amerikanischen *Christian Science Monitor* erzählte er im Jahr 2004, die modernen Comics und Zeichentrickfilme aus Japan kämen im Ausland so gut an, weil sie jede Art von nationalem Charakter vermissen ließen. Damit kann Japan wieder die Herzen von Menschen erobern, die das Land in erster Linie als militärischen oder wirtschaftlichen Aggressor kennengelernt hatten. Außerdem sei der Kawaii-Trend der zweite große weltweite Exporterfolg Japans, nach der Elektronik. Daran zeige sich auch der Wandel von einer Gesellschaft, die am Materiellen hängt, zu einer Informationsgesellschaft. Waren früher Elektroartikel Statussymbole, sind es laut Nobuyoshi Kurita heute Inhalte wie Mangas und Trickfilme, über deren Kennerschaft man mit anderen in den Wettbewerb tritt. Der nächste Wandel könnte der zu einer expressiven Gesellschaft sein, dann wären die japanische Kosmetik- und die Modeindustrie am Zug. Insbesondere die erste hat schon in weiten Teilen Asiens Boden gutgemacht. Zweifelsohne

Netsuke: als Knöpfe allein viel zu schade

sind zwischen Kawaii- und Kosmetikindustrie etliche Synergie-Effekte zu erwarten.

Alle (wirklich alle) sagen: *Kawaii!*

Einmal sah ich im japanischen Fernsehen (es mag in der real existierenden Sendung *Kawaii TV* gewesen sein, ich will es aber nicht beschwören), ein Experiment, in dem sich Frauen in Zweiergruppen für ein paar Minuten ungezwungen über vorgegebene Gegenstände unterhalten sollten. Einzige Bedingung: Dabei dürfe nicht das Wort *kawaii* fallen.

Alle versagten kläglich. Eine sagte sogar bereits vor Beginn des Versuchs entgeistert: »Das geht nicht!«

Kawaii muss also tatsächlich eines der meistgenutzten japanischen Wörter sein. Doch nicht alles, was niedlich ist, ist auf gleiche Art niedlich, dafür ist die Kawaii-Kultur zu komplex. *Kimokowaii* oder *kowakawaii* bezeichnen Dinge, die zugleich gruselig und niedlich oder auf eine gruselige Weise niedlich oder eine niedliche Weise gruselig sind (*kowaii* bedeutet ›furchteinflößend‹ und sollte im Normalfall nicht mit *kawaii* verwechselt werden). *Erokawaii*, man ahnt es, steht für etwas, das auf erotische Weise niedlich ist. Wir werden auf das alles einen ganz genauen Blick werfen.

Wider den Gewöhnungseffekt: Endlich wieder hingucken

Es scheint unmöglich, vor *kawaii* die Augen zu verschließen. Und dennoch stellt sich ein gewisser Gewöhnungseffekt ein, wenn man der Kawaii-Kultur tagtäglich, rund um die Uhr ausgesetzt ist. Steckt man tief im Kawaii-Dschungel, sieht man schon mal den Wald vor lauter prächtig geschmückten Weihnachtsbäumen nicht mehr. Besuchen mich Freunde von außerhalb in Tokio, staune ich immer wieder, worüber die staunen und mit welchen Fotomotiven sie die Speicher ihrer Mobiltelefone füllen. Ist doch ganz normales Zeugs, denke ich mir dann. Denke ich noch ein bisschen länger nach (selten ein Fehler), merke ich: Sollte aber nicht normal sein. Wir sollten täglich wachen Auges durch die Welt wandeln und dankbar sein, dass die Kawaii-Kultur sie uns niedlicher macht. Wir sollten dieser Kultur indes nicht mit Haut und Haar verfallen, und wir sollten ein ebenso waches Auge dafür haben, dass sie mitunter über die Stränge schlägt, dass ihre Verniedlichung auch zu einer Verharmlosung von Umständen führen kann, die tunlichst nicht verharmlost werden sollten. Aber das schaffen wir schon. Wer richtig hinguckt, wird Niedliches von Allzuniedlichem unterscheiden können.

Und deshalb gibt es dieses Buch: weil ich selbst hinaus in die Welt gehen und endlich wieder richtig hingucken wollte. Würde mich freuen, wenn Sie mitkommen. Sollten Sie an der einen oder anderen Stelle die Übersicht verlieren: Im hinteren Teil des Buches befindet sich ein Glossar, das die wichtigsten verwendeten Jargon-Ausdrücke erklärt.

Tokio, im Juli 2019

KAPITEL 1

KAWAIIkrieg
Die Schlacht der Maskottchen

ALS MEINE FAMILIE UND ICH im Taxi vom Strandbadeort Shirahama, wo wir Urlaub machten, zum nahe gelegenen Zoo Adventure World fuhren, sahen wir im Stadtbild überall das, was wir hier erwartet hatten: Cartoon-Pandas. In besagtem Zoo leben schließlich einige der seltenen Kreaturen (echte Pandas, nicht Cartoon-Pandas). Dem Taxifahrer waren unsere Blicke nicht entgangen, so fragte er: »Wissen Sie, was das Merkwürdigste ist?« Wir wussten es nicht. »Unser offizielles Maskottchen ist kein Panda, sondern ein Pinguin.« Ungewöhnliches Maskottchen für einen Sommerurlaubsort mit Strand, fanden wir. Andererseits hat der berühmte Zoo halt auch ein paar Pinguine. Der Taxifahrer erläuterte weiter: »Die haben keinen Panda genommen, weil die Angst hatten. Es gibt schon zu viele Pandas überall.« In der Cartoon-Welt, meinte er. Nicht in der richtigen Welt, wie allgemein bekannt sein sollte. »Die hatten Angst vor Copyright-Klagen.«

Mit der Panda-Lobby, auch bekannt als Big Panda, ist eben nicht zu spaßen. Die Welt der Maskottchen, die für ihre Heimatorte, lokale Unternehmen oder Spezialitäten werben, (japanisch: *yuru chara*, in etwa: ›leichte Figuren‹) ist keine, in der eitel Sonnenschein herrscht. Hier wird mit harten Bandagen gekämpft. Weich und flauschig kannst du da allenfalls von außen sein.

Das Schweigen der Kuscheltiere

Die oberflächlich weiche, flauschige und fröhliche Welt der vermenschlichten Tiere, Lebensmittel und Fantasiekreaturen, die für

Da steht ein Pferd vor dem Stand: Gunma-chan, Botschafter der Präfektur Gunma.

Landstriche werben, von denen man ohne sie nie etwas gehört hätte, wird von Angst und Missgunst bestimmt. Das merkte ich auch, als ich einige Maskottchen beziehungsweise deren Vertreter in der Welt der Menschen anschrieb, um Material für dieses Buch zu sammeln. Kaum ein Bär, Otter oder personifiziertes Obststück mochte mit mir sprechen, geschweige denn für Fotografien zur Verfügung stehen. Selbst bei einem der wenigen, die sich kooperativ zeigten, hatte der Manager Auflagen: »Sie dürfen ihm keine Worte in den Mund legen und es nicht Hand in Hand mit anderen Maskottchen zeigen.« Diese fröhlichen Kerlchen gehen halt nicht Hand in Hand. Ihre Hände sind ja in harte Bandagen gewickelt.

Wie hätte ich das betreffende Maskottchen Hand in Hand mit einem anderen zeigen sollen? Ihm wochenlang mit dem Teleobjektiv im Gebüsch auflauern, bis es sich heimlich mit dem Maskottchen vom verfeindeten Nachbardorf zum romantischen Stelldichein trifft oder zumindest für einen Quickie?

Apropos gewissenhaftes journalistisches Arbeiten: Diese Panda-Pinguin-Geschichte wollte mir verständlicherweise nicht aus dem Kopf gehen. Nächtelang warf ich mich auf dem Futon hin und her, vergeblich um Schlaf ringend, bis ich endlich aufsprang und den Computer hochfuhr. Doch als ich die Angaben des Taxifahrers penibel nachrecherchierte, konnte ich sie nicht verifizieren. Gar nicht. Keine heiße Spur von niemandem. Es schien, als hätte dieser Ort weder Panda- noch Pinguin-Maskottchen. Als wären sie einfach ausradiert worden. Oder ausgestorben? Hatte der Fahrer uns angeflunkert? Konnte mir eigentlich egal sein. Schließlich ist eine der obersten Regeln gewissenhaften journalistischen Arbeitens: Lass einer guten Story niemals die Wahrheit in die Quere kommen.

Trotzdem wollen wir ihr jetzt auf den Grund gehen. Der ungeschönten Wahrheit über die Welt der japanischen Lokalmaskottchen.

Jedem Örtchen sein Tierchen (oder Öbstchen)

Bevor es richtig blutig wird, lohnt es sich, ein paar der beliebtesten Kontrahenten vorzustellen.

Was fällt einem zur Stadt Minoh in der Präfektur Osaka als Erstes ein? Mir Bier; des Landes beste Craft-Brauerei hat sich nach diesem ihrem Heimatort benannt. Trotzdem wird Minoh auf Maskottchen-Kongressen nicht von einer fröhlichen Flasche Bier vertreten (wer meint, der Gedanke verböte sich von selbst, kennt die Welt der japanischen Maskottchen schlecht), sondern von dieser anderen Sache, für die Minoh offenbar bekannt ist: Yuzu. Die etwas freundlichere japanische Schwester der Zitrone wird gerade internationale In-Frucht; das Gewese kann einem fast ein bisschen auf die Nerven gehen. In ihrer japanischen Heimat weiß man sie schon lange zu schätzen. Dort geht sie, ganz ohne großen Hype, allenfalls auf die Geschmacksnerven. Das allerdings im besten Sinne. Minoh wird also vertreten von einem fruchtigen kleinen Kerlchen namens Takinomichi Yuzuru.

In der Stadt Omuta in der südwestlichen Präfektur Fukuoka gehört ein Schlangenfestival zur Tradition und der Bergbau zur Geschichte. Ein altes japanisches Sprichwort besagt: Hast du eine Ananas und einen Stift, hast du einen Ananasstift. Also sagte man sich in Omuta: ... haben wir eine Bergarbeiterschlange. Fertig war das Maskottchen Jabow.

Es ist einsam auf dem Gipfel der Maskottchenpopularität, doch Gunma-chan (aus der Präfektur Gunma halt) ist fest entschlossen, ihn komplett zu erklimmen. Dieses Pony auf zwei Hufen galoppierte, nachdem es in den Achtzigern zunächst als naturalistisches vierbeiniges Tier entworfen worden war, fürs Erste lediglich als Vertreter ei-

Kumamon ist längst über seine Heimat Kumamoto hinaus ein Superstar.

So sieht ein Gewinner aus: Kapal
(Mitte und grün, neben Mensch)
aus der Stadt Shiki.

nes lokalen Sportfestes. Seit einem evolutionären Redesign vertritt es zunehmend erfolgreich die gesamte Präfektur mit allem, was dazugehört: einer Tanzchoreografie, einem Andenkenladen, einem Blog und einer Facebook-Seite. Gunma-chan stand auch für dieses Buch Rede und Antwort, allerdings nur unter der Bedingung, dass im Zusammenhang mit seiner Pferdeperson darauf hinzuweisen sei, dass die Präfektur Gunma lediglich eine Autostunde von Tokio entfernt sei und viel Natur sowie reichhaltige Freizeitvergnügungen von heißen Quellbädern bis Wintersport zu bieten habe. Abgemacht. So gehört es sich für einen wahren Präfekturbotschafter.

Bär Kumamon, der König aller Maskottchen, ließ über sein Sekretariat nur ausrichten, er habe leider keine Zeit für uns. Das verstehen wir und kommen später trotzdem auf ihn zurück.

Kapal basiert auf dem mythologischen japanischen Wasserkobold *kappa*, Schlüsselfigur zahlreicher freundlicher Fabeln und garstiger Horrorstorys. Er vertritt die Stadt Shiki in der Präfektur Saitama nahe Tokio. Tokioter machen gerne Witze über die Menschen aus Saitama; sie gelten als langsam und provinziell. Über Kapal macht niemand Witze. Er gewann den Yuru Chara Grand Prix 2018 mit fairen Mitteln, obwohl alle außer Russland versuchten, den Wettbewerb zu manipulieren. Und das war so:

Urmutter des Maskottchen-
Booms: Samurai-Katze
Hikonyan

Der Yuru-Chara-Wahlbetrug von 2018

Niemand weiß ganz genau, wie viele Maskottchen es in Japan gibt.
Einige Datenbanken kommen auf rund 3.000, doch die Dunkelzif-
fer könnte noch viel höher liegen. Insbesondere, wenn man solche
hinzuzählt, die lediglich als Zeichnungen auf dem Papier existieren,
anstatt als Ganzkörperkostüm auf Volksfesten zu tanzen und Ein-
kaufszentren einzuweihen. Der ganz große Boom ist noch gar nicht
so lange her. 2013 wurde die Samurai-Katze Hikonyan, die täglich
für ein Schloss in Hokkaido wirbt, überregional bekannt. Bald wollten jedes Dorf und jede Firma auch so etwas. Oft ließ man keine
professionellen Künstler ran, sondern veranstaltete Mal- und Na-
mensfindungswettbewerbe für Kinder. Mit den Ergebnissen muss-

Entscheidend ist, was hinten
rauskommt: das fröhliche
Abführ-Maskottchen Kan-chan.

te man dann leben. Zu den kurioseren
Geschöpfen gehören eine Mischung
aus Aal und Flugzeug, die (natürlich)
Narita anfliegt, wo sich einer der klassischen Flughäfen der Region Tokio
befindet, oder Momiji-chan, ein süßes
pinkes Rentier mit Schrotflinte (jagt
es seinesgleichen, oder schießt es zurück?). Kan-chan, gut zu erkennen als
eine Kreuzung aus Feige und Klistier mit

Gesicht, wurde von einem Pharmaunternehmen mit Spezialisierung auf Abführtechnologie ins Leben gerufen. Kan-chan ist zugegebenermaßen kein Lokalmaskottchen, aber ich habe keine Möglichkeit gesehen, um die Erwähnung dieses possierlichen Wesens herumzukommen.

Circa 1.500 Maskottchen schreiben sich mittlerweile für den alljährlichen Yuru Chara Grand Prix ein (2011 waren es noch knapp 350), um untereinander auszumachen, wer das populärste ist. Damit es dabei keine blutigen Flauschfäuste gibt, wird der Wettbewerb über eine Online-Wahl ausgetragen, bei der echte Menschen ihre fiktiven Lieblinge wählen. Dabei kommt es immer wieder zu Unregelmäßigkeiten und Regelwidrigkeiten, so auch 2018. 507 Figuren wurden für den Hauptwettbewerb zugelassen, die Ermittlung des liebsten Vertreters eines Heimatortes; 402 verteilten sich auf weitere Kategorien. Jeder interessierte Mensch hatte eine Stimme pro Tag, doch die Wahlmechanismen waren nicht so betrugssicher, wie man es bei solch einer wichtigen Veranstaltung erwarten würde.

Der Tageszeitung *Mainichi* wurden geheime Unterlagen zugespielt, die belegten, wie die Regierung der Industrie- und Hafenstadt Yokkaichi an der Ostküste der japanischen Hauptinsel Honshu ihre Beamten dazu aufgerufen hatte, ihre patriotische Pflicht überzuerfüllen. Dafür wurden multiple E-Mail-Konten eingerichtet, die es jedem Mitarbeiter erlaubten, mehrfach für den eigenen Kandidaten zu stimmen. So sollen unrechtmäßige Stimmen im fünfstelligen Bereich zustande gekommen sein. Der Bürgermeister Tomohiro Mori prahlte in einer Sitzung gar damit, allein im August dreißigmal pro Tag gewählt zu haben und im September auf vierzig zu erhöhen (an mehreren Tagen zu wählen ist legitim, aber nicht dreißig- oder vierzigmal).

Ein ähnliches Bild in der Stadt Omuta, Heimat der Bergarbeiterschlange Jabow. Auch hier hatten Regierungsbeamte 10.000 E-Mail-Adressen allein für die Wahl angelegt. Als sie erwischt wurden, hatten sie die rührende Ausrede, dass sie es für die älteren Mitbürger getan hätten, die nicht sicher genug im Umgang mit dem Computer seien. Das erinnert ein wenig an die Begründung einiger Convenience-Store-Ketten, die trotz öffentlichen Drucks nicht vom

Verkauf pornografischer Magazine absehen mögen: Es sei eine Ser-vice-Leistung für ältere Menschen, die sich im Internet nicht so gut auskennen.

Die Scheinheiligkeit war schnell durchschaut: Offenbar wollte man den alten Bürgern von Omuta gleich so weit entgegenkom-men, dass die Regierung über die eingerichteten Adressen sogar für sie wählte. Danach dann die neue Begründung: Man fände es to-tal unfair, dass die Stadt nur so wenige Einwohner hätte (ungefähr 111.000, Yokkaichi kommt auf das rund Dreifache, was so schreck-lich viel ebenfalls nicht ist). Aber so ist es nun mal im Leben. Das musste auch die ähnlich kleine Stadt Izumisano bei Osaka erfahren, die mit ähnlicher Begründung dasselbe versuchte.

Nach Auszählung aller legitimen Stimmen und Vernichtung aller illegitimen (wenn man denn alle gefunden hat), kam Skan-dalmaskottchen Jabow immerhin noch auf den zweiten Platz, der sympathische Kobold Kapal auf den ersten. Doch wir alle wissen: Es ist einsam an der Spitze, und der einzige Weg führt nach unten.

Otter gegen Otter

Den Ort Susaki mit seinen etwas über 20.000 Einwohnern würde in Japan wohl kaum jemand kennen, wenn es Chiitan nicht gäbe.

Dank Chiitan kennt man ihn jetzt sogar in den USA. Und was man in den USA kennt, das kennt man auf der ganzen Welt, das ist allen wirtschaftlichen, militärischen und politischen Machtverschiebungen zum Trotz weiterhin so.

Chiitan ist nach eigenen Angaben eine Baby-Otter-Fee, was nicht weiter verdächtig scheint, denn das Symboltier von Susaki war seit Jahr und Tag ein Otter (eine seltene Art der Gattung soll dort beheimatet sein). Der Haken an der Sache: Chiitan ist nicht der offizielle Otter von Susaki. Er ist ein Independent-Maskottchen. Der offizielle Vertreter der Stadt, Shinjo-kun, ist ein braver Winke-Otter. Chiitan hingegen macht Punkrock: In Internetvideos wirft er Autos um, fährt Skateboard auf Laufbändern, hantiert auf unverantwortliche Weise mit Baseballschlägern und Rasentrimmern. Kein Wunder – wer täte das nicht gerne ab und an? –, dass Chiitan im Nu viel beliebter war als Shinjo-kun. So erklärte ihn die Stadt 2018 nachträglich zu ihrem offiziellen Botschafter. Doch das währte nicht lang. Nach über hundert Beschwerden aus ganz Japan über Chiitans Verhalten wurde seine Lizenz 2019 nicht verlängert. Man habe zu lange bewusst weggesehen, ließ ein Sprecher der Stadtregierung verlauten, weil man sich einen Imagegewinn für den Ort erhofft hatte. Dabei sei man vollends zufrieden mit den Leistungen des guten, alten Shinjo-kun gewesen. Gegen Chiitan erwäge man jetzt sogar rechtliche Schritte (Anwälte seien bereits eingeschaltet), denn es werde befürchtet, dass die Firma, die hinter ihm steckt, mit ihm Geld verdient, das rechtmäßig der Stadt zugutekommen müsse.

Shinjo-kun, der brave Original-Otter von Susaki

KAWAII–SUPERHIT: KUMAMON

Die Präfektur Kumamoto heißt zwar so, trotzdem gibt es dort keine Bären *(kuma)*. Wegen des Namens wurde ihr Maskottchen dennoch ein Bär, Kumamon *(mon* heißt so viel wie ›Person‹ im lokalen Dialekt). Und was für ein Bär. Kein Problembär, sondern ein Glücksbär. Der beliebteste Japans. An Kumamon kommt so schnell keiner vorbei. Er ist in der Öffentlichkeit inzwischen ähnlich präsent wie Hello Kitty – sogar außerhalb Kumamotos. Es ist das erklärte Ziel seiner Schöpfer, aus ihm eine internationale Ikone wie Micky Maus zu machen. Der erste Schritt dorthin war selbstverständlich, aus ihm eine nationale Ikone zu machen. Das ist längst geschehen. Sogar in Videospielen und Zeichentrickfilmen hatte er schon Gastauftritte. In den Souvenirgeschäften des Landes ist er so präsent, dass Touristen meinen könnten, er repräsentiere ganz Japan. Völlig falsch liegen sie damit nicht. Und wer es bis nach Kumamoto schafft, kann ihn sogar in seinem Büro besuchen, vorausgesetzt man hat einen Termin ausgemacht.

Vielleicht kann ihm dann sein mächtiger Freund John Oliver helfen. Der britische US-TV-Moderator hatte richtig erkannt, dass Chiitans Masche ideal zum hysterischen Humorzwang amerikanischer Late-Night-Talkshows passt, und ihn mehrfach in seiner Sendung verunglimpft, indem er Sympathien für Shinjo-kun bekundete. Chiitan hatte den Moderator über sein englisches Twitter-Konto daraufhin zu einem Ringkampf aufgefordert. Was daraus wird, ist zum Zeitpunkt der Niederschrift ungewiss. Eins allerdings ist klar: Der medienwirksame Beef zwischen Mensch und Otter ist eine Win-win-Situation. Chiitan kennt nun alle Welt, und John Oliver kennen jetzt sogar ein paar Japaner, wenngleich sicherlich nicht so viele wie Chiitan.

Den Kontroversen tut Chiitans internationaler Ruhm derweil keinen Abbruch. Im Mai 2019 wurde sein offizieller Twitter-Account suspendiert, gemeinsam mit denen anderer Prominenter wie der maskierten Mädchenband Kamen Yoshi oder dem virtuellen YouTube-Star Kagura Mea. Der Vorwurf: Sie hätten ihre Konten mit gefälschten Followern aufgeplustert. Chiitan ließ über sein Management alle Vorwürfe zurückweisen. Doch als unparteiischer Beobachter kann man, geschädigt von den Ereignissen der Yuru-Chara-Wahl 2018, ein Gefühl von Déjà-vu kaum leugnen.

KAWAII INSIDERWISSEN: FUNASSYI

Maskottchen müssen nicht immer offiziell berufen sein. Funassyi ist, wie Chiitan, ein unabhängiger Kandidat. Ursprünglich sollte die Kreatur nur eine private Website verschönern, inzwischen rührt sie die Werbetrommel für die Stadt Funabashi in Chiba, bekannt vor allem für Birnen. Funassyis Markenzeichen sind ansteckende Dance-Moves und der Ausruf: *»Nashiii!«* (›Birneee!‹) Bei Funassyi handelt es sich um eine geschlechtslose Birnenfee, die männliche wie weibliche Pronomen benutzt. Er hat erfolgreiche Auslandsmissionen in England, den USA, Taiwan und Hongkong hinter sich. Den größten Erfolg hat sie allerdings im Heimatland, wo er bereits vier Musikalben und sechs Singles veröffentlicht hat. Funassyi trat sogar schon im altehrwürdigen Nippon Budokan auf, einer Kampfsportarena, die pophistorisch dafür bekannt ist, dass 1966 die Beatles dort spielten, weil sie beziehungsweise ihre Fans sonst nirgendwo reingepasst hätten. Rechtsnationale waren damals entrüstet. Proteste gegen das Birnenkonzert hingegen sind nicht bekannt.

Independent-Maskottchen müssen übrigens nicht immer rasend populär sein: Katsue-san aus der Stadt Tottori, ein trauriges Mädchen in Lumpen, war der breiten Öffentlichkeit zu deprimierend. Immerhin wurde aus ihr eine Manga-Figur. In einer Geschichte klagt sie: »Ich hätte Funassyi sein können ...«

KAWAIIkonzern
Das Imperium der Niedlichkeit

SMALL GIFT BIG SMILE. So steht es auf den Plastiktüten, von denen man bestimmt etliche auf die Straße schleppt, wenn man nach mehreren Stunden freundlicher Gehirnwäsche einen Sanrio-Laden verlässt. Die Firma ist vor allem für zwei ganz erstaunliche Charaktere bekannt: Hello Kitty und Shintaro Tsuji. Tsuji ist inzwischen über 90, Gründer und zum Zeitpunkt der Niederschrift nach wie vor Präsident von Sanrio. Hello Kitty, die 2019 ihren 45. Geburtstag feierte, ist die, die ihn reich gemacht hat. Tsuji lernte früh, dass man Menschen mit kleinen Geschenken große Freuden bereiten kann, was bis heute in seinem Firmenmotto widerhallt (siehe oben). Nicht dass Sanrio etwas zu verschenken hätte. Andererseits ist das, was der Konzern uns gegeben hat, natürlich unbezahlbar.

Vollseidene Geschäfte

Es begann nicht mit Hello Kitty, und es begann nicht unter dem Namen Sanrio. In den Fünfzigern wurde der junge Tsuji vom Gouverneur seiner Heimatpräfektur Yamanashi auserkoren, nach Tokio zu gehen und die Produkte der Region über ihre Grenzen hinaus bekannt zu machen. Das funktionierte so gut, dass er das bald nicht mehr in offiziellem Auftrag machen wollte, sondern in eigenem. Flugs gründete er die Yamanashi Silk Center Company, die – man mag es ahnen – zunächst vor allem feine Seidenprodukte verkaufte. Tsuji ließ seine Ware auf offener Straße anbieten, häufig vor Badehäusern, beliebten Treffpunkten in vielen Städten, weil Badewannen

im Eigenheim damals noch ein Luxus waren. 1962 wurde der Katalog naheliegenderweise um Gummisandalen erweitert. Um diese von Konkurrenz-Latschen abzuheben, verzierte Tsuji jeden Schuh mit einer kleinen Blume. Die Kunden sahen und riefen: »Kawaii!« So wurden bald auch andere Artikel mit Blumen und Erdbeeren verschönert.

Erdbeeren gehören nach wie vor zu den Lieblingssymbolen von Sanrio, doch in den Sechzigern war die Erdbeermode nur von kurzer Dauer. Als Tsuji das bemerkte, schwenkte er um auf Kirschen, und der Yen rollte wieder. Ob Blume, Erdbeere oder Kirsche, die Erkenntnis war nicht von der Hand zu weisen: Wenn man einen Artikel auf diese simple Art verzierte, machte man ohne großen Aufwand aus einem gewöhnlichen Gebrauchsgegenstand einen Markenartikel. Einen solchen konnte man mit deutlichem Aufpreis losschlagen. Damit wiederum machte man genügend Gewinn, um in noch feinere Markenartikel zu investieren.

So war schnell Schluss mit Obst. Die Yamanashi Silk Center Company heuerte die bekannte Illustratorin Ado Mizumori an, heute um die 80. Die Pionierin des Kawaii-Stils ist auch als Schauspielerin, Sängerin und Fernsehunterhalterin bekannt. Ihr Spezialgebiet waren seinerzeit Mädchen mit blauen Augen, blonden Haaren und Schmollmund. Ein Indiz, wie sehnlich Japan über seinen Horizont hinaus schielte, wenn es um die Formulierung von Begehrlichkeiten ging. Radikal geändert hat sich das bis heute nicht. Vieles, was im Ausland begehrt ist, weil es so typisch japanisch scheint, wurde zunächst von ausländischen Importen beeinflusst, die Japaner für herrlich international hielten. Die moderne Wahrnehmung von kawaii ist ohne europäischen Chic und amerikanischen Pop kaum denkbar.

Für Tsuji entwarf Mizumori eigene Figuren, die er auf Kaffeetassen und anderes Geschirr druckte. Eines gefiel ihm daran nicht: dass er nicht alle Rechte an den Illustrationen besaß. So begann die Yamanashi Silk Center Company damit, ein eigenes Team aus exklusiv arbeitenden Künstlern aufzustellen. Zu einer günstigen Zeit: Die entbehrungsreichen Nachkriegsjahre wurden entbehrungsärmer, die Wirtschaft war im Aufschwung. Japanische Elektronik wurde

Exportschlager, Japan selbst öffnete sich wirtschaftlich wie kulturell. Ausländische Filme, Musik, Kleidung und Kunst wurden immer populärer. Shintaro Tsuji beobachtete das ganz genau. Er blickte dabei vor allem nach Amerika, der Heimat seines großen Vorbilds Walt Disney.

Was er dort sah, waren vor allem Tiere. Lustige Tiere, die von den Menschen geliebt wurden. Tiere wie der Hund Snoopy oder der rosarote Panther. Tsuji sah außerdem Vermarktungsmöglichkeiten, denn den fernöstlichen Markt hatten diese Tiere noch nicht erschlossen. So kaufte er die japanischen Rechte an Hund und Panther. Snoopy zumindest war ein voller Erfolg. (Ich fragte meine Frau einmal, ob sie den rosaroten Panther kenne, und sie sah mich nur mit großen, fragenden Augen an. *Kawaii*.) Allerdings hatte Tsuji lediglich Interesse an Snoopys gutem Aussehen, nicht an seinem Charakter. Seine Ikonisierung als niedliches Emblem auf allerlei Mode-, Schul- und Haushaltsartikeln war ein wichtiger Schritt auf dem Weg zu Sanrios populärster Figur.

Snoopy kennt in Japan jeder. Charlie Brown, den Menschen von Snoopy, kennen nur Insider.

Er hätte lieber einen Hund gehabt

Eine der besagten Haus-Designerinnen der Firma war die Endzwanzigerin Yuko Shimizu, bei Sanrio für Obstmotive zuständig. (Sie ist nicht zu verwechseln mit der anderen hochbegabten Yuko Shimizu, die als Illustratorin in den USA arbeitet, unter anderem für DC Comics. Die sollte man nicht auf die Erfindung von Hello Kitty ansprechen, wenn man auf ihrer Sonnenseite bleiben möchte.) Shimizu entwarf eines Tages eine weiße Katze mit Knopfaugen, gelber Nase,

sechs Schnurrhaaren und einem Kopf, der doppelt so groß war wie der Körper.

Shintaro Tsuji seufzte: »Ja, nicht allzu schlecht.« Er hätte lieber einen Hund gehabt.

Auch wenn Hello Kitty nicht allein dafür verantwortlich war (sie wurde sehr behutsam in den Markt eingeführt), verdreifachten sich die Gewinne des Unternehmens in ihrem Erscheinungsjahr im Vergleich zum Vorjahr fast. Von 1974 bis 1977 steigerte sich der Umsatz ums Siebenfache, der Gewinn ums Zehnfache. Das war nun eindeutig ein Erfolg, der auf ihr Konto ging, denn inzwischen hatten sich die Artikel, die sie zierte, explosionsartig vermehrt. Dabei spielte man offensiv mit internationalem Flair. Kitty und ihren Freunden wurden mal mehr, mal weniger sinnvolle englische Dialoge in den Mund gelegt (beziehungsweise bei Kitty dahin, wo ein Mund hätte sein können), um das Fernweh der Japaner anzusprechen, die dieses zunächst eher durch Konsum als durch Reisen befriedigen konnten. Die Dinge, mit denen Kitty sich umgab, waren ebenfalls nicht zufällig ausgewählt. Gewisse Elemente (etwa eine Trinkflasche, ein Goldfischglas, die bald berühmte Schleife) tauchten immer wieder auf, um die kindliche Umwelt des Charakters zu definieren und den Wiedererkennungswert zu erhöhen. ›Worldbuilding‹ würde man es wohl im modernen Nerdsprech nennen. Die Schleife auf dem Kopf wurde später zum Symbol für das Band der Harmonie, das idealerweise alle Menschen auf der Welt miteinander verbindet (davon haben leider nicht alle Menschen auf der Welt etwas mitbekommen, aber Hello Kitty schafft das schon).

1975 war das Jahr, in dem man sich die längst überfällige Frage stellte: Seide? Welche Seide? Ein neuer Name für die Yamanashi Silk Center Company musste her, schließlich hatte sie kaum noch etwas mit Seide oder Yamanashi zu tun. Shintaro Tsuji suchte einen Namen, der international klingen sollte, mit Bedeutung aufgeladen war und niemandem auf die Füße treten würde. Drei der großen Weltkulturen, so wusste der belesene Firmeninhaber, entstanden in Flussnähe: Babylonien am Tigris, Ägypten am Nil, China am Gelben Fluss. *San* ist japanisch für ›drei‹, *rio* heißt ›Fluss‹ auf Spanisch. So wurde die Yamanashi Silk Center Company zu Sanrio. Ein Name, wie er sich für eine Weltkultur gehört.

Das ist die Legende, wie Tsuji sie erzählt. Eine profanere Version der Ereignisse findet sich im anonym verfassten E-Book *The Unauthorized Biography of Hello Kitty*: die japanischen Schriftzeichen des Wortes *yamanashi* lassen sich auch als *sanri* lesen. Das O steht für den Laut, den Menschen ausstoßen, wenn sie freudig erregt sind. Vorstellbar ist das auch.

Rückkehr nach Puroland

Sogar der Name des Orts, in dem Hello Kittys erster Vergnügungspark eröffnet wurde, klingt wie ein Vergnügungspark: Tama New Town. Tatsächlich ist die Siedlung recht neu, wurde in den Sechzigern aus dem Boden gestampft. Alt sind inzwischen lediglich ihre Bewohner: Ein Drittel ist über 65. Damit gilt Tama New Town als Vor-

Der Bahnhof von Tama New Town empfängt mit kirchlicher Pracht.

schau auf das, was das geburtenschwache Japan insgesamt bald erwarten wird. (Mir gefällt es dort, was mich vielleicht mit unbequemen Wahrheiten über mich selbst konfrontiert.) Im Puroland allerdings muss man niemals dem Vorschulalter entwachsen, egal wie alt man ist. Hier kann man Hello Kittys Haus besuchen; mehrere Läden auf mehreren Etagen leerkaufen; Hello-Kitty-inspirierte

Currys, Nudelsuppen und Nachspeisen verspeisen; Vergnügungs-fahrgeschäfte nutzen, die weder Kleinkinder noch Greise aus der Bahn werfen; sowie verschiedenen Bühnenproduktionen beiwohnen – von *Das bekommt ja die Vorschulklasse meiner Tochter besser hin* bis *Wow, warum hier und nicht am Broadway?*.

Puroland war nicht immer wohlgelitten. Als es konzipiert wurde, galt es als weltliche Manifestierung von Shintaro Tsujis Ego in Zeiten, in denen sich Japans Wirtschaft im turbokapitalistischen Overdrive befand und sich ihre Akteure entsprechend aufführten. Sanrio ging es in den späteren Achtzigern gut, weil es Tsuji gut ging. Er verstand sich auf den Börsenhandel und bestritt damit einen Großteil der Gewinne seines Unternehmens, als das Zugpferd Hello Kitty eine erste Popularitätskrise durchmachte. Umstritten war derweil, wie er diese Gewinne einsetzte. Er produzierte Filme, worin Sanrio nie ein glückliches Händchen hatte (ein neuer Hello-Kitty-Film ist nichts-destotrotz in der Mache, in Zusammenarbeit mit New Line Cinema, bekannt durch die *Teenage Mutant Ninja Turtles* und Freddy Krue-ger), und er steckte Geld in Puroland. Nicht zu knapp. Tsuji hatte aus seiner Verehrung für Walt Disney nie einen Hehl gemacht – jetzt wollte er ihm größenwahnsinnig auch noch als Betreiber von Ver-gnügungsparks nacheifern, so der Tenor in der japanischen Presse. Tama New Town sei zu weit draußen für den angeblich verwöhnten Tokioter (obgleich gerade der an lange Wege zur Arbeit und sonst wohin gewohnt ist), es mangele dem Park an Attraktionen, und er wirke mit seiner Überdachung zu klaustrophobisch.

Tatsächlich schien das Vorhaben unter keinem guten Stern zu stehen. Das Budget überschritt die ursprüngliche Planung bei wei-tem, stieg auf 70 Milliarden Yen (über 500 Millionen Euro), was die Firma über Jahre belasten sollte. 2.500 Arbeiter hielt das Puroland während seines Werdens in Lohn und Brot, mehr als doppelt so viele wie Sanrio zu jener Zeit selbst beschäftigte, darunter 300 Designer aus den USA, weggelockt von Disney und Universal. Damals gras-sierte im Westen die Angst vor der Japanisierung des Abendlandes. Die japanische Krake, so die Befürchtung, nehme den USA die Ar-beitskräfte und die Firmen weg. Selbst wenn die Krake ein niedliches Schleifchen zwischen den Öhrchen trägt.

Auch wenn nicht alles, was Shintaro Tsuji mit Sanrio über die Jahrzehnte hinweg angegangen ist, ein voller Erfolg wurde: Sanrio Puroland konnte sich allen Unkenrufen zum Trotz durchsetzen. Besonders stolz ist man darauf, dass 80 Prozent der Besucher Wiederholungstäter sind und dass zehn Prozent der 1,5 Millionen jährlichen Besucher aus dem Ausland kommen – mehr als in Tokyo Disneyland.

Zum ersten Mal kam ich selbst nach Puroland, als ich im Februar 2013 für mein Buch *Hello Kitty – ein Phänomen erobert die Welt* recherchierte. 2018 kehrte ich zurück, um den vierten Geburtstag meiner Tochter zu feiern. Irgendeine Ausrede finde ich immer. Beim zweiten Mal mussten wir geplanter vorgehen und einige Highlights aussparen. Vierjährige sind im stundenlangen Schlangestehen nicht viel gelassener als Dreijährige, stellte sich heraus. Hello Kittys Haus zum Beispiel, eine der Hauptattraktionen des Parks, konnten wir nur im Vorübergehen betrachten. Wie gut, dass meine Frau und ich es bereits allein besichtigt hatten. Hello Kitty gibt hier Einblick in sehr Intimes, zum Beispiel ihre Badewanne (rosa) und ihre Bibliothek. Dort stehen viele englische Wörterbücher, die Abenteuer von Robin Hood, ein paar französische Titel, außerdem ein kleiner Eiffelturm, Union-Jack-Wimpel und eine winkende Mini-Queen of England. Das konnte man so erwarten, denn der Kitty-Experte weiß: Kitty White (so ihr voller Name) ist Engländerin, und zu ihren Lieblingsschulfächern gehört Französisch. An Kittys Esstisch haben sechs Gäste Platz. Sie werden auf weißen Stühlen sitzen, mit Rückenlehnen in Katzenkopfform, besetzt mit bunten, runden Applikationen, die an Smarties erinnern. Es wundert nicht, dass Regale, Kamin, Sofa und überhaupt alles, was irgendwie mit der Kitty-Silhouette dargestellt werden kann, auch so dargestellt wird, nicht selten mit Schleifchen. Andererseits: Vielleicht sollte es wundern. Eine gewisse Bescheidenheit ist schließlich Teil von Kittys Charakter. Doch welcher bescheidene Charakter umgibt sich im eigenen Haus mit Abbildungen seiner selbst, noch dazu mit recht bizarren? Ich würde mir keinen Kamin in der Form meines eigenen Kopfes ins Wohnzimmer bauen lassen. Behaupte ich mal.

Mit Kind kamen wir immerhin in den Genuss eines Kitty-Kindergeburtstags inklusive Meet and Greet. Leider nicht mit Hello Kitty persönlich, die muss sich schließlich den ganzen Tag mit Besuchern ihres Hauses fotografieren lassen. Wie es in jedem Disneyland nur eine Micky Maus gibt, so gibt es in Puroland nur eine Hello Kitty. Für die Unterhaltung der Geburtstagskinder schickt sie ihre Schwester Mimmy, erkennbar an der gelben Schleife.

Hana war nicht die Einzige, die zur Feier ihres Geburtstags gekommen war. Alle Kinder und alle Eltern wurden in einen Veranstaltungssaal gerufen, in dem Mimmy mit anderen Sanrio-Charakteren Geburtstagslieder sang und schließlich jedes Kind einzeln auf die Bühne rief für ein Foto, einen Händedruck und eine freiwillige Umarmung (nicht jedes Kleinkind umarmt gerne jedes dahergelaufene übergroße Cartoon-Tier). Die Goodie-Bag mit Süßigkeiten, Softdrinks und Malmaterialien gab es strategischerweise schon vorher, damit die Kinder sich nicht allzu laut langweilten in den Abschnitten, die sie nicht direkt betrafen. Der Süßigkeitenanteil der Tüte reichte darüber hinaus, um die Kinder auf der langen Rückfahrt ins Stadtzentrum auf pädagogisch inkorrekte Weise bei Laune zu halten.

Bei unserem Kindergeburtstag lief alles wie am Schnürchen. Das muss nicht immer so sein. Für die örtliche Halloween-Party 2018 hatte sich Kitty etwas ganz Besonderes ausgedacht: In einem Outfit aus übergroßer Spiegelbrille und schwarzem Gummimantel wollte sie ihre Gäste als DJ zum Tanzen bringen (das tut sie mittlerweile weltweit, bisweilen in Clubs von Rang und Namen). Kaum hatte sie sich hinter den Turntables eingerichtet, begrüßte sie das Haus mit einem fröhlichen: »Motherfuckers, go!«

Zwar versteht man in Japan nicht so gut Englisch. Für derartig elementaren Grundwortschatz reicht es allerdings bei vielen schon, und so staunte manch einer nicht schlecht. Nun steht man vor dem Dilemma: Kitty hat keinen Mund – was soll man ihr denn dann mit Seife auswaschen?

Könnte es sein, dass sie gar nicht wusste, was sie da von sich gegeben hatte? Unwahrscheinlich, ihrer Hintergrundgeschichte nach ist sie schließlich Engländerin. Aber Fiktion beiseite: Wahrscheinlich dachte der, der als Ghost-Kurator hinter Kittys Playlist stand, dass »Motherfuckers, go!« eine ganz normale Floskel aus der modernen Tanzmusik sei, nicht verfänglicher als: »*Wave your hands in the air like you just don't care!*«

Kraftausdrücke hin oder her, Puroland ist niedlich. Sanrio ist derweil längst einen Schritt weiter.

Die neue Niedlichkeit

Ein Büropanda, der seinen Frust in Alkohol und Deathmetal ertränkt? Ein Eigelb, das am liebsten nicht gestört werden möchte? Sollen das wirklich die Nachfolger von Hello Kitty sein?

Ja, das sind sie. Darf ich vorstellen: Aggretsuko. Voller Name: Aggressive Retsuko. Es handelt sich um eine 25-jährige Panda-Dame. Wie viele Pandas ist sie Single. Anders als die meisten ihrer Art allerdings hat sie einen Bürojob. Einen Bürojob, den sie hasst. Ihr Boss ist ein Schwein (buchstäblich). Sie reagiert sich bei Heavy Metal, Alkohol und Karaoke ab. Ein Panda wie du und ich also, das mag ihre außerordentliche Popularität erklären. Sind die meisten Sanrio-Figuren in erster Linie Dekoelemente mit allenfalls einer Alibi-Hintergrundgeschichte, war Aggretsuko von Anfang an fest verknüpft mit einer Serie von Fernsehspots. Inzwischen hat sie ihre eigene Netflix-Show. Laut Hersteller ist sie trotz ihres niedlichen Äußeren von einem inneren Zorn erfüllt. Ein

Groß in Mode: Aggro-Panda Agressive Retsuko

Wutpanda. Eine Knuddelfigur fürs 21. Jahrhundert.

Nun wird über Figuren wie Aggretsuko und das faule Ei Gudetama (siehe KAWAII-insiderwissen) besonders im Westen gern spekuliert, dass ihr Reiz im Tabubruch liege, im »endlich sagt mal einer was«. Dabei ist es keineswegs so, dass die Frustrationen und Erniedrigungen von Arbeitswelt und Alltag niemals in der japanischen Popkultur thematisiert worden wären. Tatsächlich sind sie seit eh und je ein beliebtes Thema in Film, Fernsehen und Mangas. Insbesondere letztere sind schon lange dafür bekannt, auch ernste oder erwachsene Inhalte mit vermeintlich kindlichen Figuren zu erzählen. Neu ist hier allenfalls, dass nun Sanrio dabei mitmischt. Neu für Sanrio ist der Weg zu immer überzeugenderen Vermischungen von Figuren und Geschichten. Bereits Hello Kitty kam mit einer elaborierten Biografie daher (zugegebenermaßen keiner, in der Deathmetal und Bürostress eine größere Rolle spielten), doch die blieb stets im Hintergrund. Kein Film und keine Fernsehserie konnten bewirken, dass Kittys Story über den harten Insider-Kern hinaus bekannt wurde. Das ist bei den leicht ver- bis gestörten Figuren der neuen Generation anders.

Sanrios Flirt mit düsteren Themen ist derweil kein gänzlich radikaler Wandel, sondern wurde auf Samtpfoten vorbereitet. Seit 2005 gibt es bei-

Faule Figur: Das müde Eigelb Gudetama ist zurzeit Sanrios beliebtester Charakter in Japan.

Kuromi: Hello Kitty für Gruftis

spielsweise Kuromi. Sieht auf den ersten Blick aus wie Hello Kitty mit Totenkopf statt Schleife; ist also zweifelsohne eines der coolsten Dinge, die man jemals gesehen hat. Auf den zweiten Blick erst erkennt man, dass es sich um eine andere Figur handelt: ein Häschen statt Kätzchen. Auch wenn die Designer damit keinen ganz großen Innovationspreis abräumen: Kuromi fliegen die Herzen nur so zu. Mit ihrer aparten Kopfbedeckung, dem Teufelsschwanz und dem durchtriebenen Gesichtsausdruck ist sie vor allem in der Goth- und Punk-Szene sehr beliebt. Dabei hat letztere sonst ein eher gespaltenes Verhältnis zu den Sanrio-Idealen. Trotz der harten Schale hat Kuromi einen weichen Kern. Sie schreibt Tagebuch, kocht gerne und begeistert sich für romantische Kurzgeschichten. Der Name bedeutet ›schwarze Schönheit‹.

Dass nicht alle niedlichen Figuren eine niedliche Einstellung haben müssen, demonstrierte schon der Pinguin Bad Badtz-Maru (seit 1993). Er geht in die erste Klasse, macht sich gerne über andere lustig und kämpft stets auf der falschen Seite. Er hat mehrere Gesichtsausdrücke, jeder davon entweder genervt oder frech. Wenn er einmal groß ist, möchte er der »Chef von allem« sein. Weil sich damit einfach jeder identifizieren kann, ist Bad Badtz-Maru eine der wenigen Sanrio-Figuren, die für Männlein wie Weiblein vermarktet werden. Sein Name kann als Slang für ›falsch-korrekt‹ gelesen werden.

Kein gutes Vorbild, aber ein Vorreiter der Neuen Niedlichkeit: Bad Badtz–Maru

I am monotone, too!

Kawaii in alle Ewigkeit

Puroland mag nicht für jeden sein, doch den Besuch eines Sanrio-Shops sollte man sich nicht entgehen lassen, wenn man mal in Japan ist. Da kann man am besten erfahren, wie sehr *kawaii* jeden Lebensaspekt und jeden Lebensabschnitt bestimmt. Selbstverständlich ist das meiste in den himmlisch rosafarbenen Geschäften für kleine Kinder gedacht. Doch es gibt Ausnahmen. Bei einem meiner letzten Besuche zum Beispiel sah ich einen faltbaren Krückstock mit Hello-Kitty-Motiven. Selbstverständlich: Auch Kinder können mal was an den Beinen oder Füßen haben. Das Gerät, das ich sah, war allerdings seiner Größe nach ein All-Ages-Krückstock. Hello Kitty ist schließlich für alle da, auch für die Alten. Man soll nicht glauben, dass die es nicht zu schätzen wüssten. Schließlich kommen auch die Kuscheltierroboter, die einige Altenheime in der Betreuung einsetzen, bei den Betreuten gut an. Meine Tochter hat mehr Hello-Kitty-Kram von ihrem japanischen Großvater geschenkt bekommen als von mir. Und der sieht mich keinesfalls misstrauisch an, wenn ich damit begeisterter spiele als sie.

KAWAII-SUPERHIT: HELLO KITTY

Sie ist nicht mehr der garantierte Superhit, der sie einmal war. Es ist längst nicht mehr sichergestellt, dass sie bei den alljährlichen Wahlen der beliebtesten Sanrio-Charaktere den ersten Platz macht. Und doch verkörpert sie wie keine andere Figur nicht nur ihre Firma, sondern gar die gesamte Kawaii-Kultur. Trendcharaktere kommen und gehen, Kitty bleibt. International ist sie ohnehin einer der bekanntesten Japanexporte, daran können kein faules Ei und kein Aggro-Panda rütteln.

Was hätte sie selbst dazu zu sagen? Nichts, könnte man meinen, denn sie hat ja keinen Mund. Damit hat sie sich viel Kritik aus dem feministischen Lager eingehandelt: Was soll denn das für ein Vorbild für junge Mädchen sein? Ein gutes, findet Sanrio, denn Kitty hat deshalb keinen Mund, weil sie ihren Besitzerinnen Zuhörerin und Projektionsfläche sein möchte.

Hello Kitty kann also alles sein. Sogar eine Katze. Obwohl ihr Hersteller 2014 verlauten ließ, dass sie genau das nicht sei, sondern ein kleines Mädchen. Bei Phänomenen wie Hello Kitty darf man sich selbstverständlich in die eigene Wahrnehmung keinesfalls von irgendwelchen Urhebern reinquatschen lassen. Kitty gehört uns allen. Wenn wir eine Katze sehen, dann ist sie eine Katze. Basta.

I'm a Feuerlöscher, *twisted* Feuerlöscher

Das gegenseitige Besuchen in Privatwohnungen ist in Japan weniger verbreitet als anderswo. Trotzdem muss man kaum Angst haben, auf lange Sicht zu vereinsamen: Irgendjemand kommt immer, um irgendetwas zu überprüfen. Sei es, ob man die Rundfunkgebühren entrichtet hat, die Rauchmelder funktionieren oder genügend Feuerlöscher vorhanden sind. Einmal wurde bei einer Routineüberprüfung festgestellt, dass wir von letzteren gar keinen hatten. Mindestens einer musste aber her, so will es das Gesetz. Wir hatten keine Ahnung, wo man so etwas bekommt, und gingen etwas ratlos ins nächste größere Einkaufszentrum. Plötzlich fand ich mich im örtlichen Sanrio-Shop wieder, und da sah ich sie: die aktuelle Hello-Kitty-Feuerlöscher-Kollektion. Ich wusste nicht, wie mir geschah, und rief sofort meine Frau, um zu beraten, welches Modell wir nehmen sollten.

Letztendlich haben wir keines genommen. Wir befürchteten, unsere Tochter könnte versuchen, auch ohne Brandfall damit zu spielen.

Nein, das war nicht der Grund. Meine Frau hat mich nicht gelassen. So einfach war das. Ich bin nicht mal Manns genug, einen Hello-Kitty-Feuerlöscher durchzusetzen.

KAWAIIINSIDERWISSEN: GUDETAMA

Die Nr. 1 der Herzen. Wie Aggretsuko ist Gudetama ein Vertreter des *kimokawaii*, also einer niedlichen Erscheinung, die ein gewisses Unwohlsein auslöst. Das Eigelb möchte am liebsten den ganzen Tag lang unter seiner Speckdecke schlafen. Wenn Gudetama etwas mitzuteilen hat, dann meistens nur, dass er nichts mitzuteilen hat. Der Alltag, wie auch immer der für ein vermenschlichtes Ei aussehen mag, hat ihn total geschafft. Also eine weitere Identifikationsfigur für Erwachsene, möchte man meinen. Dabei ist es so eindeutig nicht. Gudetama (faules Ei) ist Sanrios größter Hit seit Hello Kitty und ähnlich wie Kitty bei allen Altersgruppen beliebt. Kein Wunder, bedient er doch neben der Kawaii-Leidenschaft noch eine andere japanische Vorliebe: die fürs Essen. Naheliegend, dass es bereits Gudetama-Restaurants gibt. Man war dort nicht etwa so faul wie die Titelfigur und schrieb nur Ei mit Speck auf die Karte, sondern auch allerlei andere Gerichte von Nudelsuppe bis Reiscurry, die lediglich, dem Thema entsprechend, aussehen wie faules Ei mit Speck.

KAWAIIschool
Japans Fräuleinwirtschaftswunder

›SCHULMÄDCHEN‹ KLINGT ERST MAL KOMISCH, irgendwie nach Siebziger-Jahre-Bahnhofskino. ›Schülerin‹ hingegen klingt zu schulisch, als ginge es hier lediglich um den Unterrichtsstoff. Bei dem Menschenschlag, von dem hier die Rede sein soll, handelt es sich jedoch um mehr als bloß um weibliche Minderjährige, die eine Bildungseinrichtung besuchen. Eher als Sexsymbole sind sie Sehnsuchtssymbol – für Männer (nicht alle Gründe dafür sind finster), für Frauen und jüngere Mädchen. Also bleiben wir beim Begriff ›Schulmädchen‹, denn er scheint interpretationsoffener, freiheitlicher, sonniger.

Japanische Schulmädchen sind Wirtschaftsfaktor wie Wirtschaftsmotor. Sie waren schon Influencer, als die Eltern der heutigen Influencer noch gar nicht geboren waren. Schulmädchen müssen nicht mal real sein, um die Welt in Atem zu halten. Von Sailor Moon und ihren Freundinnen bis zu den kleinen Kampfpiloten von *Neon Genesis Evangelion* gehören Schulmädchen zum verlässlichsten Personal der modernen japanischen Mythologie, also von Manga und Anime.

Wegen Sailor Moon wollten auch viele deutsche Schulmädchen japanische Schulmädchen sein.

Schulmädchen retten die Welt
(und ein Schuljunge auch):
Neon Genesis Evangelion.

Nicht alle Schulmädchen sehen aus wie kleine Matrosen.

Mädchen in Uniform

Zunächst gilt es, das Vorurteil aus der Welt zu räumen, dass alle japanischen Schulmädchen aussehen wie kleine Matrosen.

Erstens: Nicht alle japanischen Schülerinnen tragen Uniform. Damit fängt man einigermaßen verlässlich erst in der Highschool an (dort entspricht die Uniformabdeckung dann ungefähr 95 Prozent). Wer vorher eine trägt, geht vermutlich auf eine piekfeine Privatschule. Von den Eleven der Highschool soll hier in erster Linie die Rede sein. Denn das sind die, zu denen alle aufschauen. Sie werden weder als Kinder noch als Erwachsene gesehen. Ältere Generationen wollen wieder so unbeschwert sein wie sie, jüngere wollen endlich so groß und cool sein.

Zweitens: Nicht alle Schuluniformen sehen aus wie Matrosenanzüge. Heute nicht, und zu Anbeginn der Zeit schon gar nicht. Da gab es nämlich noch gar keine Uniformen. Erst in der Edo-Zeit (1600 bis 1868), in der Tokio zur politischen Hauptstadt des Landes wurde (die kaiserliche blieb fürs erste Kyoto), begann man damit, Schülerinnen und Schüler in mehr oder weniger einheitliche Kimonos zu hüllen. Die sollten für die damaligen Schulanforderungen vor allem praktisch sein. Uniformen im engeren Sinne des Begriffes waren sie derweil nicht. Weder war ihr Tragen Pflicht, noch glichen die Gewänder einander bis ins kleinste Detail.

Bald nachdem im Jahr 1853 die Schwarze Flotte des amerikanischen Seeoffiziers Matthew Perry an Japans Küste angelegt und die Öffnung des Fernen Ostens zum Wilden Westen eingeläutet hatte, war Japan ganz versessen auf westliche Militärlooks. Sogar der Kaiser posierte gern in einer französisch inspirierten Uniform mit Epauletten, Schärpe und jeder Menge Orden auf der Brust. Der einfachen Bevölkerung hatte es vor allem die Marine angetan. Zivilisten war es unter Androhung der Todesstrafe untersagt, das Land zu verlassen. Doch Marinesoldaten durften hinaus in die verheißungsvolle weite Welt. Stellvertretend für diese Sehnsüchte sowie für eine weltoffene Lebenseinstellung, die man jüngeren Generationen beibringen wollte, hielt der westliche Matrosenlook Einzug in Japans Klassenzimmer. Zunächst allerdings nur für Jungs, Mädchen lernten weiter im Kimono.

Das jedoch wurde zusehends als unpraktisch erkannt, denn auch Mädchen sollten in der Schule nicht nur brav auf dem Boden sitzen und zuhören. Sie sollten, zum Beispiel, auch brav am Tisch sitzen und mitschreiben. Das war im klassischen Kimono schwierig. Schnell gab es erste Stimmen, die die Seemannstracht ebenfalls für Mädchen einführen wollten. Als aber Japans erster Bildungsminister, ein westlich gebildeter und westlich gekleideter Kosmopolit, 1889 bei einem Attentat ums Leben kam, nahm man davon erst mal Abstand. Man befürchtete, Schulmädchen in westlich inspirierten Uniformen könnten zur Zielscheibe schießwütiger Nationalisten werden (bei Schuljungen hatte man offenbar nicht ganz so starke Bedenken). Eine Zeit lang trugen Schülerinnen als Kompromiss Ballonhosen, wie sie heute noch japanische Handwerker tragen. Die hatten eine feminine Rockform und boten mehr Bewegungsfreiheit als Kimonos.

1903 gab man den Matrosenanzügen eine neue Chance. Eine Lehrerin hatte bei einem USA-Aufenthalt beobachtet, wie geeignet diese Outfits für sportliche Übungen waren. So dienten sie im japanischen Schulwesen bis 1920 lediglich als Trainingsanzüge. Dann wurde die erste komplette, zweiteilige Matrosen-Schuluniform für Mädchen eingeführt, inspiriert von der amerikanischen Direktorin einer christlichen Schule im südlichen Fukuoka. So war der maritime Look zunächst eng verknüpft mit christlicher Erziehung. Weil er

53

aber so gut mit den Uniformen der Jungen harmonierte, setzte er sich bald, völlig konfessionslos, im ganzen Land durch. Nicht mal im Zweiten Weltkrieg war man nationalstolz genug, um zum Kimono zurückzukehren. Im Gegenteil: Als Geld und Material knapp wurden, wurden für die Uniformherstellung alte Kimonos umgenäht. Der Grund: In den Uniformen konnte man besser vor den amerikanischen Bomben wegrennen. Gefütterte Kapuzen zum Schutz vor Granatsplittern wurden ebenfalls Teil der Uniform.

In den sechziger Jahren ging es Japan nicht anders als weiten Teilen Europas und der USA: Das Studentenvolk war unzufrieden. Man ging von links auf die Barrikaden und betrachtete Schuluniformen (sowie manches andere) als Symbole des alten, imperialistischen Japans, das es zu überwinden galt. Da war also nicht nur unter den Talaren Muff von tausend Jahren, sondern auch unter den kleinen Seemannskragen. Wie bekommt man ihn also raus, den Muff? Mit der Schere. Zuerst als Protest, wenig später als modische Flause begannen die Mädchen, an ihren Uniformen herumzuschneiden. Sie gingen bauchfrei zur Schule, Jahrzehnte bevor es ein künstliches Aufregerthema für deutsche Saure-Gurken-Zeiten wurde. In Kombination mit langen Röcken und Converse-Turnschuhen wurde der verruchte Stil als *sukeban* bekannt, in etwa: ›Bandenanführerin‹. Dabei waren keineswegs alle Verfechterinnen der Sukeban-Mode Mitglieder krimineller Vereinigungen, geschweige denn deren Befehlshaberinnen.

Mit *sukeban* wurden Schuluniformen erstmals als modische Accessoires wahrgenommen. Bald musste man nicht mehr selbst die Schere anlegen; Schneider führten Tarife für das professionelle Freilegen des Bauches ein. Doch für jede Bewegung gibt es eine Gegenbewegung: In den Achtzigern wurde es wieder schick, schick zu sein. Die Scheren blieben stecken, dafür wurden die Uniformen schon von Herstellerseiten vielfältiger. Blazer machten den Matrosenjäckchen Konkurrenz, Röcke wurden kürzer.

In den Neunzigern wurden sie zu kurz. Das fanden zumindest viele Erzieher. Einige Schulen überprüften vor Unterrichtsbeginn erst mal die Rocklängen, in Extremfällen fingen Lehrer Schülerinnen bereits auf dem Schulweg ab. Interessanterweise wurden die kürzesten Röcke im kalten Niigata gemessen. Trotz Eis und Schnee lagen die Säume noch fünf Zentimeter höher als im klimatisch milderen (ansonsten angeblich wilderen) Tokio. Manche Schulen reagierten mit extra dicken, schwer zu faltenden Stoffen. Vereinzelt wurden sogar Hosen eingeführt. Bis die Hosenmädchen wieder die Scheren rausholten.

Aber die kurzen Röcke und zerschnittenen Hosen waren gar nichts gegen die dicken Socken. 1993 stellte der amerikanische Strumpfhersteller E.G. Smith seine Produkte in einem Kaufhaus in Yokohama aus, heute würde man wohl von einem Pop-up-Store sprechen. Zwei Mädchen kauften sich übergroße weiße Socken für Wanderstiefel, der Rest ist Geschichte. Der Impulskauf wurde zum Trend, der Trend zum Medienphänomen, die Medienberichterstattung multiplizierte den Trend, bis alle ganz närrisch waren: die, die die Socken trugen, und die, die sie immerzu sehen mussten. Bald wurden sie Fetisch von Männern, für die Schulmädchen nicht nur Symbole der unbeschwerten Jugendzeit waren. Die Accessoires galten (nicht immer zu Recht) als erotische Signale, als Bereitschaft zum *enjokosai*, der bezahlten Begleitung, die nur ein paar Schrittchen von der Prostitution entfernt ist. Gegen diesen Ruf konnten die Socken nicht lange anstinken (Entschuldigung, man hätte es anders formulieren können). Heute sieht man sie tatsächlich fast nur noch im Umfeld der Animiergastronomie.

Hat man die geläufige Vorstellung von Japan als einem extrem obrigkeitshörigen Land im Kopf, mag man sich fragen: Wie kann es überhaupt angehen, dass die Mädchen so was nicht nur machen, sondern damit auch noch durchkommen? Gibt es keine Regeln, wie Uniformen zu tragen sind und was eine Uniform ausmacht? Doch, gibt es. Die Regeln sind sogar in Regelbüchern festgehalten. Jede Schülerin hat eins. Das ist Teil der Herausforderung: Es ist ein regelrechter Sport geworden, Schlupflöcher in den Gesetzen zu finden und die Textilien gerade so weit zu variieren, wie es das Regelwerk zulässt. Für den ganz gewagten Regelbruch nach der Schule kauft man sich dann einfach eine gefälschte Uniform, Anbieter gibt es längst. Was man in seiner Freizeit trägt, kann schließlich keine Schule vorschreiben.

Auch nach dem Ende der Schulzeit muss man bzw. mädchen (bzw. frau) auf die Uniform nicht verzichten. Schon zu Sukeban-Zeiten verzierte man nach dem Abschluss die Teile mit Stickereien, gefährlichen wie romantischen, und machte aus der Schultracht ein Freizeit-Outfit. Wer es gerne ein paar Nummern kleiner hat: Die Firma Petite Leda, die eigentlich auf Hochzeitskleider (in normalen Größen) spezialisiert ist, fertigt detailgetreue Miniaturausgaben individueller Schuluniformen an, als sentimentale Dekoelemente fürs Eigenheim (Höhe circa 38 Zentimeter). Dass eine Formulierung wie ›individuelle Schuluniform‹ gar nicht so widersprüchlich ist, wie sie sein sollte, zeigt schon, wie kurios die Karriere der japanischen Schuluniform verlaufen ist.

Jungs schrumpfen ihre Uniformen eher nicht ein. Nach dem Schulabschluss geben sie ihrem liebsten Ex-Schulmädchen einen Knopf von ihrer Jacke, nämlich den zweiten von oben. Weil der dem Herzen am nächsten ist.

Woher diese Obsession mit der Uniform? In seinem Buch *Japanese Schoolgirl Confidential* zitiert der Autor Brian Ashcraft einen Mitarbeiter des Schuluniform-Museums in Okayama: »Japaner sind sehr stolz auf ihre Rolle in der Gesellschaft. Deshalb sollten Polizisten aussehen wie Polizisten, Krankenschwestern wie Krankenschwestern und Schulmädchen eben wie Schulmädchen.«

Ohne japanische Schulmädchen hätten wir heute vielleicht keine Textnachrichten, Fotohandys, Emojis. Ein Leben wie in der Steinzeit!

Piep, piep, piep – wir haben euch lieb

Haben Sie heute schon jemandem eine Textnachricht ge-
schickt? Womöglich mit einem Emoji? Oder einem direkt
mit dem Telefon geknipsten Foto? Vielleicht mit einem
geschmackvollen Filter versehen? Dann bedanken Sie
sich mal schön bei japanischen Schulmädchen, ohne
die wären diese womöglich wichtigsten Errungenschaf-
ten des digitalen Zeitalters vielleicht nie erfunden worden.

Anfang der Neunziger waren Schulmädchen verrückt nach Funkmeldeempfängern.
Sexyer sagte man Pager dazu. Eigentlich waren die Geräte für Angestellte gedacht, damit
ihre Vorgesetzten sie an der kurzen Leine halten
konnten. Mädchen verschickten damit keine

>>Ich liebe dich!<< Japanische Schul-
mädchen wussten, wofür Pager
wirklich gedacht waren.

Telefonnummern als Rückrufaufforderungen, sondern Zahlencodes,
die sich mit Insiderwissen und dem richtigen Blickwinkel als Worte
oder Bilder lesen ließen. Daraufhin wurden Pager mit Textfunktio-
nen ausgestattet. Später wechselten die Schülerinnen zu Handys.
Auch deren wirtschaftlicher Siegeszug ist eher ihnen geschuldet als
der Generation ihrer Eltern. Mit Mobiltelefonen konnten sich Kinder
fernkommunikativ endlich ausklinken aus der elterlichen Kontrolle
des Festnetzes. Dank der Textnachrichten mussten sie unter den
Schulpulten keine Zettel mehr verteilen. In Japan wurde das Texten
so stark mit der Schulmädchenkultur verbunden, dass es Erwachsene zunächst viel Überwindung kostete, diese Funktion ebenfalls
zu nutzen.

Kameras und Bildbearbeitung im Handy? Auch das haben wir
den jungen Damen zu verdanken, beziehungsweise ihrer Vorliebe
für Print-Club-Kabinen (japanisiert und abgekürzt: *purikura*). Ursprünglich waren die ebenfalls gedacht für erwachsene Angestellte.
Sie sollten in den öffentlich aufgestellten Automaten Fotoaufkleber machen lassen, die man auf Visitenkarten kleben konnte. Das
wollte aber keiner. Schulmädchen hingegen liebten die Sticker und
verzierten sie reichlich. Es dauerte nicht lange, bis sie bereits vorver-
ziert aus den Automaten herauskamen.

Die Bilder, die in Purikura-Kabinen geschossen werden, sind nicht immer biometrisch korrekt.

Die japanische Wirtschaft, und nicht nur die, hört ganz genau hin, wenn japanische Schulmädchen etwas zu sagen haben. Die Beliebtheit der dicken weißen Socken freute einst nicht nur deren Hersteller E.G. Smith, sondern auch den Leimfabrikanten Hakugen. Irgendwie mussten die übergroßen Dinger ja oben bleiben. Bereits in den Siebzigern hatte die Firma einen Klebstoff namens Sock Touch herausgebracht, der Socken vorm Rutschen bewahren

sollte. Offenbar ein Problem, das nicht viele Sockenträger damals bewegte: Das Produkt wurde bald wieder vom Markt genommen. In den Neunzigern kam es zurück, als durchschlagender Erfolg. Es wurde in verschiedenen Ausführungen für verschiedene Hauttypen produziert, mit und ohne Duft, verziert mit diversen lizenzierten Charakteren aus Film und Comic.

Es ist also kein Wunder, dass Schulmädchen ernst genommen werden. Der Tokyo Girls Collection, einer zweimal im Jahr stattfindenden Mischung aus Promi-Party und Modenschau (also eigentlich einer Modenschau, nur mit coolerem Publikum), wird international mehr Beachtung geschenkt als der erwachsenen Tokyo Fashion Week, die sich vergeblich bemüht, in Sachen Relevanz mit den anderen Fashion Weeks der Welt mitzuhalten. Im Jahr 2008 wurden sogar drei junge Frauen vom Außenministerium zu offiziellen Botschafterinnen der Niedlichkeit ernannt. Jede verkörperte einen urjapanischen Jugendmodestil. Die Schauspielerin Shizuka Fujioka gab das Schulmädchen. Ein Jahr lang trat sie bei internationalen Veranstaltungen auf. Ihre Mission war es, der ganzen Welt zu zeigen, wie süß japanische Schuluniformen sind. Das sind sie sicherlich. Aber natürlich ist an der Sache noch viel mehr dran.

KAWAII-SUPERHIT: UNIFORM

Ob im Original belassen oder rebellisch zerschnitten, ob ge-
fälscht für die außerschulische Verführung oder geschrumpft
als Erinnerungsstück für das Erwachsenenwohnzimmer: Die
Schuluniform ist das definitive modische Statement jeder
Schülerin und das oberste Sehnsuchtssymbol für Erwachsene,
die sich zurück in eine vermeintlich einfachere Zeit sehnen.
Nur eines darf die Klamotte nicht sein: zu teuer. Als 2018 eine
Tokioter Privatschule den Eltern die Anschaffung eines Arma-
ni-Models für ihre Kleinen empfahl, gab es lautstarke Proteste. Auf die Begründung, die Schule sei halt nahe der edlen
Einkaufsmeile Ginza gelegen und die Uniform würde gut mit
ihrer Umgebung harmonieren, mochten die meisten pfeifen.
Bei einer Armani-Uniform wäre es außerdem schade, würde
man ihr mit der Schere beikommen, um sie punkig zu ver-
feinern. Andererseits wäre das gerade bei einer Armani-Uniform authentischer Punkrock. Aber vielleicht sind Japanische
Schulmädchen gar keine allzu authentischen Punkrockerin-
nen. Die wollen nur spielen.

携帯画像
全部無料！
Free mobile phone image!

ORIGINAL
原宿限定プリ機
PHOTO
BOOTH

KAWAII INSIDERWISSEN: *PURIKURA*

Die Kabinen sehen aus wie Passfotoautomaten, nur bunter und spaßiger. Also eigentlich gar nicht wie Passfotoautomaten, obwohl ihr ursprünglicher Verwendungszweck nicht so weit davon entfernt ist. Eigentlich sollten die zunächst klitzekleinen Fotos, die aus den Print-Clubs (voller Name) kamen, von Geschäftsleuten auf ihre Geschäftskarten geklebt werden. Darauf hatten die Geschäftsleute aber keine Lust, oder sie hatten dafür keine Zeit, wer weiß. Nachdem allerdings die selige Popgruppe SMAP das Prinzip in einer ihren vielen Fernsehsendungen demonstrierte, waren ihre weiblichen Fans ganz wild auf die kleinen Fotosticker. Und weil vom Pubertätsturbo getriebene Mädchen selten etwas allein tun, gibt es inzwischen Automaten, die bis zu sechs Personen auf einmal fassen und knipsen. Geschäftsleute versucht man gar nicht mehr zu locken: In den Kabinen pumpen fette Beats, Perücken und andere Accessoires befördern das Amüsement. Trotz Instagram wird *purikura* nicht so schnell aus der Mode kommen: Die Bilder können heutzutage gleich aufs Telefon oder in die Cloud geladen werden. Und Bewegtbilder sind ebenfalls längst möglich: *videkura*.

KAPITEL 4

KAWAIIpop
Der Mädchenchor von nebenan

WIE GUT MAN ES HAT, weiß man leider immer erst hinterher. Als ich Ende der Neunziger zum ersten Mal Japan besuchte, stolperte ich mitten in die goldene Ära des J-Pop hinein. Stilistisch war Vielfalt geboten, die Stars waren überlebensgroß, die Produktionen professionell. Dominiert wurde der Markt von glamourösen Diven, die in großen Arrangements mit tanzbaren Grooves machten. Ein bombastischer Sehnsuchtssound, der mir sehr zupass kam; begann ich mich doch gerade vom Indie-Schmuddel-Dogma meiner Jugend zu lösen und auch mal große Glitzergefühle zuzulassen. Die Szene, den Markt nahm ich einfach für gegeben. Ich ging davon aus, dass es schon immer so gewesen war und immer so weitergehen würde. Ersteres war eine Bildungslücke (die japanische Popmusik vor meiner J-Pop-Initiierung war eine andere), letzteres unbeschwerte Naivität. Denn nichts bleibt jemals, wie es ist. In der Popmusik schon gar nicht. Insbesondere dort wird irgendwann wieder alles, wie es ganz früher war.

Namie-Manie: Eine Diva dankt ab

Im September 2017 kannte das ganze Land kaum mehr als ein Thema: Namie Amuro hatte ihren Rückzug aus der Öffentlichkeit angekündigt. Gut, der Kaiser hatte ein gutes Jahr zuvor ähnliches verlauten lassen. Aber ging der Kaiser auf große Abschiedstournee, inklusive Abschiedsalbum und Abschieds-Blu-ray? Hatte der Kaiser

Lächeln bis zum Ruhestand: Namie Amuro

Fans, die ihm optisch nacheiferten und die von der Öffentlichkeit einen griffigen Spitznamen – etwa Akihitas – bekommen hätten? Nein, aber Amuro hatte die Amuras. Das mediale Amuro-Dauerbombardement zu ihrem Abschied war so effektiv, dass ich zu glauben begann, ich würde etwas verpassen, wenn ich nicht zumindest die Blu-ray kaufte.

Dabei wusste ich gar nicht, wer Namie Amuro war. Ich weiß: Das darf man keinem sagen. Nicht wenn man jemals wieder von irgendjemandem als ›Japan-Experte‹ tituliert werden möchte. Wie gut, dass mir dieser Titel eh unangenehm ist.

Ich kannte Namie Amuro zunächst nicht, weil ich fand, dass ich mit Ayumi Hamasaki und Hikaru Utada

Große Brille: Ayumi Hamasaki

bereits bestens bedient war. Zusammen mit Amuro waren sie so etwas wie die drei Ausrufezeichen einer Ära, die zur Zeit meiner ersten Kontaktaufnahme mit der japanischen Gegenwartskultur gerade begonnen hatte. Jetzt liegt sie in den letzten Zügen. Amuro, auf Okinawa geboren, räumte 1997 mit dem Backfisch-Image japanischer Pop-Idole auf: Sie war selbstbewusst, modisch an vorderster Front dabei und vor allem allein auf der Bühne (gleichwohl begann auch sie ihre Karriere als Sängerin einer Band). Später meisterte sie den Spagat zwischen Karriere und Familie, eine Seltenheit im japanischen Pop- oder überhaupt ir-

Große Stimme: Hikaru Utada

gendeinem Business. Sie schaffte nach jeder Niederlage ein umso glanzvolleres Comeback. 2018 gelang ihr ein würdiger, selbstbestimmter Karriereabschluss.

Noch sind die anderen beiden Diven da. Die in den USA geborene Japanerin Hikaru Utada ist vor allem für ihren großen Stimmumfang und für ihre Englischkenntnisse bekannt, letzteres in Japan wahrlich keine Selbstverständlichkeit. Die Unsicherheit der Japaner im Umgang mit anderen Sprachen als der eigenen wird häufig als Haupthemmnis gesehen, warum japanische Top-Acts ihren Ruhm nur selten international ausweiten können. Utada hat es versucht und ist trotz perfekter Zweisprachigkeit gescheitert. Die japanischen Diven müssen sich hinter Beyoncé & Co. nicht verstecken, was Attitüde und Professionalität angeht. Allerdings hatte die Welt eben bereits Beyoncé & Co. Da war der Markt wohl einfach überfüllt.

Hikaru Utada hatte 2016 nach einem längeren Rückzug ins Private ein triumphales Comeback hingelegt. Ayumi Hamasaki ist gerade auf Jubiläumstour zum Karriere-Zwanzigsten; eine Abschiedstour soll es nicht sein. Dennoch ist es um sie und Utada ruhiger geworden. Dass die schleichend abdankenden Diven ein musikalisches Vakuum hinterlassen werden, ist indes nicht zu befürchten. Ihre Nachfolgerinnen wimmeln schon lang über die Bühnen. Es sind viele. Sehr viele. Sehr viele auf einmal.

1, 2, 3, 48, ganz viele

Popstars, insbesondere weibliche und nicht allzu betagte, werden in Japan als Idole bezeichnet. Eigentlich kommt das aus dem Französischen, näm-

AKB48 herrschen (nicht nur) über Akihabara.

lich von der Filmkomödie *Diamanten-Story*, im Original *Cherchez l'idole*, die in Japan in den Sechzigern sehr beliebt war (offenbar nur dort und nur kurz; es ist kaum etwas über diesen Film in Erfahrung zu bringen). Besser bedient ist man inzwischen allerdings mit dem englischen Begriff, *idols*, und ganz genau mit der japanisierten Aussprache *aidoru*, die dem Silbenalphabet geschuldet ist, mit dem zwangsläufig auch ausländische Begriffe wiedergegeben werden müssen, selbst wenn es mitunter nur unsauber gelingt. *Aidoru* schreibt man in der Katakana-Schrift, die unter anderem für ausländische Lehnwörter hergenommen wird: アイドル.

Jetzt kommt der Knüller: AKB48 sind keine アイドル. Sie sind 会いドル. Klingt genauso, nur dass das Zeichen 会 drinsteckt, welches so viel wie ›treffen‹ bedeutet. AKB48 sind nämlich Idole, die man treffen kann. Idole wie du und ich, Idole von nebenan. Idole zum Anfassen sogar. Regelmäßig laden sie zu Handshake-Events, bei denen genau das passiert, was der Begriff nahelegt: Man darf die Hand seines liebsten AKB-Mitglieds schütteln. Für die Interaktion von höchstens drei Sekunden steht man länger an; nicht selten finden diese Veranstaltungen in größeren Hallen oder Sportstadien statt, um alle Interessierten zu fassen.

Man hat den Idolen zum Treffen sogar extra ein permanentes Theater eingerichtet, in dem man ihnen regelmäßig nah sein kann. Es befindet sich im achten Stockwerk eines Trödelladens und Pachinko-Salons im Tokioter Stadtteil Akihabara und ist leicht zu übersehen im kunterbunten Warenangebot und Glücksspielgetöse, das im Großteil des Gebäudes herrscht. Anfangs haben es auch viele übersehen. Zum ersten hoffnungsvollen Konzerttermin am 8. Dezember 2005 kamen sieben Zuschauer. Damit waren deutlich mehr Menschen auf der Bühne als davor.

Das hat sich inzwischen geändert, dabei sind AKB48 keineswegs weniger geworden. Man mag es erraten haben: Die Zahl im Namen steht für die Anzahl der Mitglieder. Eine genaue Angabe war es allerdings nie. Ursprünglich war es eine Zielvorgabe, doch sie wurde bereits früh übererfüllt. Inzwischen sind es mehr als 120 Mädchen und junge Frauen im Alter zwischen 12 und 26. Damit sind sie die offiziell umfangreichste Musikgruppe der Welt, bestätigt von

Guinness World Records. Sie kommen
nicht alle aus Akihabara (AKB), son-
dern wurden und werden in landesweiten Castings eingesammelt.
Sie singen und tanzen nicht alle auf einmal. Sie sind aufgeteilt in
verschiedene Teams, und ihre Performance-Präsenz wird durch re-
gelmäßige Popularitätswahlen bestimmt. Weil eine über 120-köp-
fige Band aus mehreren Teams einfach nicht genug ist, gibt es
außerdem nationale wie internationale Schwesterbands, die nach
ähnlichen Prinzipien organisiert sind. Mit Nogizaka46 ist sogar eine
offizielle Konkurrenzband am Start.

Der Erfinder all dieser Ensembles ist der Musikproduzent und
Fernsehautor Yasushi Akimoto, der so etwas nicht zum ersten Mal
macht. Bereits in den Achtzigern hatte er mit Onyanko Club eine
vielköpfige Girlgroup mit regelmäßiger TV-Präsenz an den Start gebracht, die durch ständige Castings und Wahlen eine hohe Mitglie-
derfluktuation aufwies und bald Spin-off-Formationen produzierte.
Wo AKB48 vor allem visuell mit erotischen Signalen spielen, sang
der Kätzchenclub (Übersetzung) ganz unverblümt, was Sache war.
Im Song *Zwing mich nicht, meinen Matrosenanzug auszuziehen*
hieß es etwa: »Ich will Sex haben, bevor meine Freundinnen welchen
haben!«

Bei diesem Bandnamen war es wohl unvermeidlich, dass in den Liedern viel miaut wurde. Im Mädchenslang der Siebziger und Achtziger war Miauen (*nyan nyan suru*, wörtlich: ›miau machen‹) ein allseits bekannter Code für Geschlechtsverkehr.

Schnell die Stirn abgetupft und zurück zu AKB48. Sie treten noch heute in ihrem Theater auf. Die Besucherzahlen haben sich inzwischen gebessert. So sehr, dass nicht mehr jeder dahergelaufene Akihabara-Flaneur auf Einlass hoffen darf. Karten werden ausschließlich verlost, mit wenigen Tagen Vorlauf, und zwar nur unter registrierten Fans. Die Online-Registrierung kostet kein Geld, aber Zeit, denn man muss unter allen Gruppenmitgliedern mindestens eines (gerne mehrere) zur besonderen Unterstützung auswählen. Da hat man sich, will man es gewissenhaft angehen (wie ich), schon durch einige Künstlerinnensteckbriefe zu arbeiten.

Es soll nicht unerwähnt bleiben, dass einen ein Gewinn der Lotterie nicht davon befreit, die Eintrittskarte zu bezahlen. Was der glücklich zahlende Gewinner dann zu sehen bekommt, ist eine perfekt inszenierte Show, wobei die Imperfektion ebenfalls perfekt inszeniert (oder zumindest gewollt) ist, denn so sind sie halt, die Popidole: wie du und ich.

Das Prinzip AKB48 hat nicht nur glühende Verehrer, sondern mindestens genauso viele leidenschaftliche Verächter. Kein Wunder, ist die Musikliebhaberei doch seit eh und je eine Passion, bei der sich manche energischer an ihren Abneigungen als an ihren Zuneigungen abarbeiten. Getrost kann man die Beschwerden überhören, die Musik sei belanglos und AKB48 gar keine echte, organisch gewachsene Garagenband. Geschenkt, hat auch keiner behauptet. Casting-Bands und Schubidubidu gibt es seit den Anfängen der Popgeschichte, die Ergebnisse waren nicht immer schlecht. Zugegeben: Man tut sich schwer damit, der Musik der vielköpfigen Mädchenschar allein etwas abzugewinnen. Nicht mal das halbherzige Kompliment »guter Pop«, mit dem man normalerweise jeden Act adelt, zu dem einen sonst nichts einfällt, kommt einem ungeniert über die Lippen; dafür wechseln die Songs zu beliebig durch Genres und Arrangements, von Kirmestechno über Klimperballaden bis zu halbwegs feurigen Bläsern und recht rockigen Gitarren.

Auf »kompetente Begleitmusik« könnte man sich vielleicht einigen. Und nichts anderes soll sie sein. Sie ist Begleitung für die Musikvideos (und nicht etwa umgekehrt), für die ausgefallenen Kostüme, die durchinszenierten Shows auf der Bühne wie im Fernsehen, das Merchandising, und letztendlich für die Mädchen selbst. Beziehungsweise für deren inszenierte öffentliche Persönlichkeiten.

Bei der Inszenierung der Künstlerinnen sind einige der Kritikpunkte der Mahner und Warner nicht ganz von der Hand zu weisen. Junge, weibliche AKB-Fans blähen die Nüstern, wenn man ihnen mit der Behauptung kommt, ihre Lieblingsband sei vor allem auf erwachsene Männer zugeschnitten, die sich gerne infantile junge Frauen in leichter Garderobe anschauen. Sie verweisen dann darauf, dass die Gruppe auch Konzerte nur für Kinder und Familien gebe. Stimmt. Schaut man sich allerdings die Schlangen und Sitzreihen bei regulären Auftritten an, wird das Bild von Männern um die 30 bestimmt. Warum wollen die minderjährigen oder auf minderjährig getrimmten Minirock-Mädchen beim Hüpfen zusehen? Die Frage ist berechtigt.

Nicht berechtigt ist es hingegen, AKB48 die Schuld an der seelischen Verfassung ihrer Fans sowie vermeintlichen Fans zu geben. Im Mai 2014 wurden bei einem Handshake-Event zwei Bandmitglieder und eine Event-Angestellte von einem Mann mit einer Säge angegriffen und verletzt. Nicht wenige Kommentatoren gaben in alter, engstirniger Tradition den Opfern die Schuld und fragten, welchen ungesunden Kult AKB48 dort betrieben und welche Triebe sie damit weckten. Dabei braucht jemand, der es in sich hat, Menschen mit Sägen anzugreifen, mit Sicherheit keine Girlgroup als Auslöser. Zudem stellte sich im anschließenden Gerichtsverfahren heraus, dass der arbeitslose Täter seine Opfer aus Sozialneid gewählt hatte, nicht aus enttäuschter Fanleidenschaft. Fan war er nämlich ganz und gar nicht.

Ohne Verletzte, gleichwohl ähnlich beunruhigend auf vielerlei Ebenen, war ein Vorfall im Dezember 2018. Maho Yamaguchi, Mitglied von NGT48 aus Niigata, wurde von zwei Männern im Eingang ihres Wohnhauses angegriffen. Die Täter flohen nach einem kurzen Handgemenge. Nachdem ihre Arbeitgeber kaum mehr als ein Schulterzucken erübrigen mochten und Yamaguchi deshalb den Vorfall öffentlich gemacht hatte, zwang ihr Management sie zu einer öffentlichen Entschuldigung, weil sie so viel Wind um ihre Person gemacht habe. Ihre Fans waren klüger: Sie schwangen sich massenhaft auf ihre Seite und ließen die Öffentlichkeit wissen, dass es ganz bestimmt nicht Yamaguchi war, die sich in dieser Angelegenheit entschuldigen musste. Andere Idole und Medienpersönlichkeiten erklärten sich ebenfalls solidarisch. Der verantwortliche Manager wurde daraufhin gefeuert. Diskussionen, wie die körperliche und seelische Unversehrtheit der jungen Frauen dauerhaft zu gewährleisten sei, sind dennoch bislang kaum mehr als mediale Strohfeuer, die gelegentlich kurz aufflammen, bevor sie ohne große Konsequenzen wieder erlöschen. Genauso wenig ändert sich an dem umfassenden Katalog aus Verpflichtungen und Verboten, mit dem die Bandmitglieder ausgestattet sind, während sie über kaum Rechte oder Freiheiten verfügen.

Dass es hinter den Kulissen durchaus rauer zugeht, als die Fassade aus Lächeln, Händchenhalten und Kissenschlachten vorgaukelt, lässt sich angesichts des erhöhten Skandalaufkommens der letzten Jahre vermuten. 2013 rasierte sich AKB-Mitglied Minami Minegishi den Kopf und entschuldigte sich in einer tränenreichen Videobotschaft für ungebührliches Verhalten. Gemeint war ihre Beziehung zu einem Boyband-Mitglied; offiziell hat ein AKB-Girl keine Liebschaften zu haben. Sie blieb in der Band, wurde aber in ein niederes Team herabgestuft.

Die jährlichen Wahlen der beliebtesten Mitglieder von AKB48 und ihren Schwesterformationen standen 2017 unter keinem guten Stern. Zuerst musste wegen eines Unwetters die Open-Air-Siegerehrung in Okinawa abgesagt werden, und bei der Ersatzveranstaltung ohne Saalpublikum (dafür mit der üblichen Fernsehübertragung) interessierte sich kaum jemand für die Erstplatzierten. Platz 20 hatte ihnen die Show gestohlen. Suto Ririka von der Osaka-Division NMB48 (nach

Minami Minegeshi: Die Haare sind wieder dran, die Show geht weiter.

dem Stadtteil Namba) verkündete in ihrer Ansprache erst ihre Verlobung, später noch ihre Absicht, bald nach Deutschland zu ziehen, um ihren Doktor in Philosophie zu machen. 2019 wurden die Popularitätswahlen erstmals in der Ära AKB abgesagt.

Sie kann euch nicht hören, aber verstehen: Kyary Pamyu Pamyu.

Es mag also sein, dass diese Ära sich dem Ende zuneigt. Der Onyanko Club, die spirituelle Vorgängerorganisation von AKB48, stolperte seinerzeit ebenfalls über selbst eingebrockte Skandale, etwa öffentlich rauchende Mädchen oder heimliche Liebschaften. Dabei müssten mit weniger drakonischem Regelwerk aus dem arttypischen Verhalten junger Frauen in oder kurz nach der Pubertät gar keine großen Aufregerthemen entwachsen.

Auf Onyanko Club und ihren Epigonen folgte jedenfalls die glamouröse Zeit der großen Diven, ein echter Paradigmenwechsel, bevor AKB48 den J-Pop wieder gründlich umkrempelten. So geht es nun mal im Musikgeschäft: vor und zurück, auf und ab.

Man kann auch allein niedlich sein

Das Prinzip AKB48 scheint die Blaupause für derzeitige japanische Popkarrieren zu sein. Doch wenn man besonders *kawaii* ist, kann man auch ohne dreistellige Freundinnenschar Bühnenkarriere machen. Unter den Solokünstlerinnen vertritt keine das Kawaii-Ethos so überzeugend wie das lebende Gesamtkunstwerk mit dem klangvollen Namen Kyary Pamyu Pamyu. Dank Hits wie *Ponponpon*, *Candy Candy* oder *Fashion Monster* beziehungsweise den bonbonbunten Videos dazu wird sie selbst international als die Große Alte Dame (circa 26) des Kawaii-Pop angesehen. Dabei ist ihre Musik, das hat sie mit AKB48 gemein, beinahe nur ein Nebenprodukt ihrer Karriere. Sie begann 2009 als Fashion-Bloggerin (bevor alle Fashion-Blogger waren), wurde Fashion-Model und brachte bald unter dem Namen Harajuku Doll ihre eigene Wimpern-Kollektion auf den Markt.

›Kyary‹ ist eine japanische Entsprechung des Namens Carrie. Das war ihr Spitzname in der Schule. Nicht weil es irgendwelche Vorfälle mit Telekinese und Schweineblut gegeben hätte, sondern weil sie als »so seltsam wie eine Ausländerin« galt. ›Pamyu Pamyu‹ heißt nichts, klingt nur süß. Ihr voller Name lautet nach eigenen Angaben: Caroline Charonplop Kyary Pamyu Pamyu. Eigentlich heißt sie Kiriko Takemura. Aber nicht weitersagen.

Wie gesagt: Paradigmenwechsel gibt es im Popgeschäft immer wieder. Der nächste könnte schon in den Schühchen stecken. Auf leisen Sohlen kommt er derweil nicht.

Next Level *kawaii*

›Nicht niedlich‹ ist das neue ›niedlich‹.

Klingt erst mal flott, stimmt aber so richtig auch nicht (wie die meisten Sprüche, die erst mal flott klingen). Tatsächlich kamen in den letzten Jahren, als sich am AKB-Bollwerk erste Risse zeigten, Bands auf, die die herkömmliche Vorstellung von *kawaii*, so es dazu überhaupt einheitliche

Da waren sie noch zu dritt: Babymetal singen süß zu harter Musik.

Vorstellungen gibt, untergraben. Manche mit zarten Fingerchen, andere mit dem Bulldozer. Babymetal machen es auf die sanfte Tour. Das mag zunächst seltsam klingen, handelt es sich bei ihrer Musik doch um knüppelharten Heavy Metal, der in Wacken ebenso wenig fehl am Platze wäre wie auf den Seiten der Zeitschrift *Metal Hammer*. Aber für das Wilde, Ungezähmte, womöglich Ungekämmte, in anderen Worten: für den Metal ist bei Babymetal eine männliche Begleitband zuständig, und die spielt nur die zweite Geige (symbolisch gesprochen; Babymetal hat es ansonsten nicht so mit Geigen). Die Sängerinnen, Su-Metal und Moametal (Yuimetal hat die Band verlassen, ist sozusagen kein Baby mehr), bedienen durchaus das Niedlichkeitsimage, das man von anderen Idol-Bands kennt. Kein Wunder, gingen sie doch aus einer konventionelleren J-Pop-Mädchenformation hervor, Sakura Gakuin. Deren Produzent, Kei Kobayashi, hatte einen Traum: die Fusion von Idolpop, seinem Broterwerb, und Heavy Metal, seiner Leidenschaft. Flugs taufte er die Splitterfraktion von Sakura Gakuin um in Babymetal und sich selbst in Kobametal.

Ihnen gelang, woran andere japanische Acts sich vergeblich versucht hatten: die Eroberung der Welt. Ihre Alben erreichten hohe Chartpositionen in den USA und vielen europäischen Ländern, darunter auch Deutschland. Dabei singen sie meistens auf Japanisch und meistens über Dinge, die eher nicht zum Metal-Kanon gehören. Ihre Kernkompetenz sind Schulmädchenthemen von Kaugummi und Schokolade bis zu Mobbing und dem Druck fragwürdiger Schönheitsideale.

Deadlift Lolita fahren beim Untergraben allgemeiner Kawaii-Vorstellungen hingegen eher die Bulldozer-Variante. Sie sind die niedlichste Band der Welt, der man nicht im Dunkeln begegnen möchte. Was die Mitgliederzahl angeht, sind sie die Antithese zum Prinzip AKB: Sie sind nur zu zweit. Aber man ist überzeugt: Sie könnten jede andere Girlgroup ohne Weiteres verhauen, wenn sie nur wollten. Allerdings wollen sie gar nicht. Sie wollen das, was Mädchen in der Popmusik traditionell wollen: nur Spaß haben.

Dabei sind Deadlift Lolita lediglich zur Hälfte weiblich. Vielleicht auch etwas mehr, es ist schwer zu sagen. Hinter dem Bandnamen verbergen sich der Australier Ladybeard und die Japanerin Reika Saiki. Er ist leidenschaftlicher Travestiekünstler, sie Bodybuilding-Model. Beide sind sie professionelle Wrestler. Professionelle Musiker eher weniger, aber mal ehrlich: Wer sollte diese beiden daran hindern, Musik zu machen, wenn sie es sich nun mal in den Kopf gesetzt haben? Was dabei herauskommt, hat stilistisch (wenn man von Stil sprechen mag) eine gewisse Ähnlichkeit mit dem drolligen Party-Rock von Andrew W.K., falls sich jemand erinnert. Eine Musik, bei der man sich nie sicher sein konnte, wie ernst er das meint. Kein Zweifel kann daran bestehen, dass Deadlift Lolita es ernst meinen. Warum sonst sollte ein bärtiger Hüne im Lolita-Kleidchen über die Bühne hüpfen, während ein ähnlich gewandetes Muskelmädchen Katzenposen und Kussmund macht? Die beiden haben durchaus Sendungsbewusstsein. Sie singen von Muskeln, wie man sie bekommt und was man mit ihnen machen kann – zum Beispiel: Japan neues, dringend benötigtes Selbstbewusstsein um die Ohren hauen *(Pump up Japan)*. Ihre Konzerte können wüst ausarten, zur Stärkung empfehlen sie Proteindrinks. Die Verpflegung ist also etwas anders als bei herkömmlichen Rockkonzerten. Kein Wunder, schließlich handelt es sich auch nicht um Rockkonzerte. Deadlift Lolita spielen Kawaiicore. Bislang sind sie die Einzigen. Doch das muss nicht so bleiben.

Deadlift Lolita: total kaputt vom Autogrammeschreiben

KAWAII-SUPERHIT: AKB48

Die stehen hier selbstverständlich stellvertretend auch für SKE48, NMB48, HKT48, NGT48, STU48, JKT48, BNK48, MNL48, SGO48, MUM48, SDN48 und SNH48. Das sind nicht etwa die Geschmacksverstärker und Kunstaromen in einem handelsüblichen Becher Instant-Ramen, sondern die Schwester-Bands von AKB48, der *Guinness-Buch*-verbrieften vollsten Girlgroup der Welt. Inzwischen sind es über 120 Mitglieder in der Kernformation aus dem Tokioter Stadtteil Akihabara (AKB), also ohne die Ableger in, beispielsweise, Osakas Namba-Viertel (NMB48) oder im indischen Mumbai (MUM48). Die 48 im Titel zählt die ursprüngliche Idealbesetzung, ist heute derweil nur mehr eine symbolische Erinnerung an die Zeiten, als man noch unter sich war. AKB48 und ihre Ableger, Konkurrenten und Nachahmer sind, bewusst oder unbewusst, ein Gegenentwurf zu den glamourösen, perfekten, unnahbaren J-Pop-Diven der Neunziger. Sie müssen nicht perfekt sein, nur charmant. Sie stellen die Popstars von nebenan dar.

Reine Zukunftsmusik

War noch nichts dabei für Sie? Ist Ihnen moderne Popmusik zu künstlich? Finden Sie, dass die Stars von heute irgendwie gar keine richtigen Stars mehr sind? Dann sollten Sie auf keinen Fall Hatsune Miku kennenlernen. Die vorgeblich 16-Jährige mit den türkisen Haaren ist die computeranimierte Personifizierung eines Stimm-Synthesizers von Yamaha. Basierend auf der Stimme von Synchronsprecherin Saki Fujita und einem Design von Manga-Künstler Kei Garo fungiert sie als eine Art Open-Source-Popdiva. Mittlerweile schwirren Hunderttausende Hatsune-Miku-Songs und -Videos von Hobbykünstlern durchs Netz. Gute sind nicht darunter. Aber hier soll es ja auf Niedlichkeit ankommen.

Ihre Körperlosigkeit hält Miku nicht davon ab, live aufzutreten; Hologrammtechnologie macht es möglich. Sie hat sogar schon mal jemanden körperlich verletzt, allerdings weder schwer noch vorsätzlich. Beim berühmten Schneefestival in Sapporo ist einmal eine Miku-Schneestatue kollabiert. Teile haben eine Besucherin am Kopf getroffen.

Hatsune Miku lässt sich übersetzen mit ›der erste Klang der Zukunft‹. Bei aller Liebe: Klangmäßig könnte es sich lohnen, auf den zweiten zu warten.

Wenigstens singt sie nicht. Trotzdem sollte man nicht zu nah an Hatsune-Miku-Schneestatuen stehen.

KAWAIIINSIDERWISSEN: DIE MILCH

Sie heißen wirklich so, nicht etwa The Milk oder 牛乳, weil es nun mal kaum eine niedlichere und romantischere Sprache als Deutsch gibt, man denke nur an Goethe oder Rammstein. Konzerte von Die Milch sind amüsante Mischungen aus musikalischer Darbietung, Modenschau und selbstironischer Comedy. Die Lieder haben Titel wie *Gothic and Lolita* oder *Gute Nacht*, Alben heißen etwa *Metronom* oder *Imperial*. Die Einflüsse europäischer Romantik sind in den Gewändern und der Musik der Gothic-Lolita-Band leicht auszumachen. Gesungen wird trotzdem auf Japanisch. Und zwar von einer magischen Puppe namens Coco, die im Mittelalter in »irgendeinem Land« (offizielle Bandgeschichte) von einem Magier geschaffen wurde, um mit ihrem Gesang einem Waisenkind Trost zu spenden. 2012 tauchte sie in Japan wieder auf und machte fortan mit zwei anderen Puppen, Will und Robin, Musik; eine Mischung aus Elektronik und Klassik mit treibenden Violinen. Seltsam? Aber so steht es geschrieben ...

KAWAIIfashion
Niedlich auf dem Laufsteg

JAPANISCHE MODE WAR NICHT IMMER niedlich. In der Heian-Zeit (794 bis 1192) war sie vor allem schwer. Damals kam der Kimono auf, und je mehr man auf sich hielt, desto mehr trug man davon. Frauen eines gewissen Standes kleideten sich in zwölf Stoffschichten oder mehr, die bis zu zwanzig Kilogramm wogen. Das ist heute ganz anders. Die moderne japanische Frau trägt *business casual* und bis zu zwanzig Kilogramm Hello-Kitty-Accessoires. Stark vereinfacht ausgedrückt. In Wirklichkeit ist es komplizierter.

Friede, Freude, Mode machen

Mode gedeiht am besten in Friedenszeiten. Seine längste Periode ohne kriegerische Auseinandersetzung erfuhr Japan in der Edo-Zeit ab 1603. Der Friede hielt über 250 Jahre an. Edo (Flussmündung) war der alte Name Tokios. Der Ort war gerade vom Shogun Ieyasu Tokugawa zur Hauptstadt seines Shogunats ernannt worden, was Tokio de facto zum politischen Zentrum des Landes machte, auch wenn der Kaiser weiterhin in der offiziellen Hauptstadt Kyoto auf seinem Thron schmorte, weitgehend machtlos. Man musste sich nicht damit beschäftigen, unentwegt neues Kriegsgerät zu produzieren, also produzierte man Kleidung. Der Kimono wurde zu einem Kunstobjekt und einem Statussymbol. Neue Herstellungsverfahren wurden entwickelt, Stoffe und Stickereien erblühten in nie gesehenen Farben, Schnitte wurden inspiriert von Kostümen extravaganter Theaterproduktionen. Man sah alles nicht mehr so eng und trug al-

Kimonos wiegen nicht mehr zwanzig Kilo und werden heute eher zu besonderen Anlässen getragen.

les nicht mehr so eng. Locker-luftige Gewänder mit breiten Gürteln kamen in Mode, quasi ein vorindustrieller fernöstlicher Baggy-Style.

Die Zeit der Meiji-Restauration (1868 bis 1912) wird stets als das Zeitalter der wirtschaftlichen und kulturellen Öffnung Japans gegenüber dem Westen angesehen. Daran ist sicherlich nicht zu rütteln. Bei der Konzentration auf die mächtige Meiji-Ära und die dramatische Showa-Zeit ab 1926 wird allerdings oft die Taisho-Periode dazwischen übersehen. Zwar passierte in ihrem kurzen Verlauf nicht viel von weltpolitischer Bedeutung, doch modisch gab sie neue Impulse. Die westliche Mode, mit der man bereits während der Meiji-Zeit flirtete, wurde damals von vielen als unpraktisch für den japanischen Alltag angesehen. Sie war zunächst etwas für formelle Anlässe. Taisho erweiterte die modische Internationalisierung, vor allem für den Herren. Frauen bevorzugten zwar nach wie vor Kimonos, wenngleich in neuen, leichten Seidenstoffen, trugen aber auf ihren Köpfen die neuesten Haarschnitte aus den europäischen Modemetropolen. *Moga* nannte man diese jungen Frauen, kurz für *modern girls* (manchmal sagte man auch: Haarschnittmädchen). Hier fand eine deutliche Werteverschiebung statt. Waren früher die Geishas modische Trendsetter, wurden sie jetzt zu dem, was sie noch heute sind: Bewahrerinnen von Traditionen. Was angesagt war, bestimmten fortan die *modern girls*. Und als aus denen Mütter wurden, steckten sie ihre Kinder nicht mehr in Kimonos, sondern in Hosen und Röcke.

The Showa *is over*

Die aktuellste Mode ist immer die von gestern. Bis vor Kurzem war das die der Showa-Zeit. Doch seit am 1. Mai 2019 die Reiwa-Zeit ausgerufen wurde, ist Showa von vorgestern. Schon jetzt macht die Showa-Nostalgie einer Heisei-Nostalgie Platz, also einer Verklärung des Zeitalters, das am 30. April 2019 zu Ende ging. Japan rechnet nämlich in den Amtszeiten seiner Kaiser, und für diese Perioden ersinnen Gremien klangvolle Namen. Showa (1926 bis 1989) bedeutet so viel wie ›erleuchteter Frieden‹, dabei ging es in dieser Zeit nicht immer sonderlich friedlich zu, und manches ließ Erleuchtung mis-

sen. Der Zweite Weltkrieg fiel in die Showa-Ära, aber auch das Wirtschaftswachstum und der Wirtschaftsboom danach und damit eine Modeexplosion, die radikal Schluss machte mit alten Gepflogenheiten. Der Kimono wurde von der Alltagskleidung zur Tracht; etwas, das man nur für besondere Anlässe aus dem Schrank holte. Die jüngeren Generationen stürzten sich mehr noch als in der vorangegangenen Taisho-Zeit auf amerikanische oder europäische Einflüsse. Bald wimmelte es vor allem in den großen Städten von Teddyboys und Hippiegirls, wobei die Outfits häufig mit spezifisch japanischen Accessoires verfeinert wurden. So kamen beim Bummel durch Tokios In-Viertel nie Zweifel auf, ob man sich nicht vielleicht doch in London oder New York befand. Hier fand Globalisierung im besten Sinne statt: ein Aneignen, Modifizieren und Verschmelzen von Kulturen. Warum sollte man sich Kultur nicht aneignen? Ein bisschen Kultur hat noch keinem geschadet, und die Kultur geht davon auch nicht gleich kaputt.

Gyaru just want to have fun.

Jetzt, da das letzte Lametta der letzten Showa-Revival-Party aufgefegt wird, werden wir ganz sentimental angesichts der schrecklichen Heisei-Mode. War die nicht eigentlich doch ganz schön? Hatten die nicht was, diese *gyaru*?

Man kommt ob der Schreibweise nicht sofort drauf, aber *gyaru* ist die japanisierte Form des englischen Begriffs *gal*, also Mädel. Wer *gyaru* sagt, meint derweil nicht irgendeine Mädelmode, sondern die, die vor allem in den Neunzigern fröhliche Urständ feierte. Sie hob sich bewusst von der japanischen Idealvorstellung von Weiblichkeit ab. Mode, die krass, laut, protzig und unbescheiden war. Genau wie die Mädels selbst. Natürlich gab es da einige Splittermodebewegungen. Den rebellischen Spaßgestus verkörperte wohl am besten die Yamamba-Fraktion mit Neon-Make-up auf tiefbrauner Haut (mal Sonnenstudio, mal genauso aufgetragen wie das Make-up darüber) sowie Haarverformungen und -verfärbungen, bei denen jeder Bilderbuch-Punk sagen würde: Nu ist aber genug. Yamamba meint traditionell eine Berghexe, die weniger traditionellen Yamamba-Mädels fand man allerdings eher in den großen Städten, und dort in den grellsten wie lautesten Kaufhäusern, kaugummiblasend und mobiltelefonierend. Und natürlich in Harajuku.

Besuchen Sie Harajuku, solange es noch steht

In den Siebzigern, also in der guten alten Showa-Zeit, wurde in Japans Schulen der Kawaii-Boom ausgelöst. Selbstverständlich wurde da auch die Mode niedlicher. Ground Zero und Pilgerort der Kawaii-Mode wurde der Tokioter Stadtteil Harajuku. Dessen Markenzeichen ist der Decora-Stil, beeinflusst von der bunten Welt des westlichen wie östlichen Zeichentrickfernsehens. Die Grundierung

Diese jungen Frauen wurden in Harajuku dekoriert.

geht unter anderem auf Hello Kitty und die Schlümpfe zurück. Diese Grundierung allerdings ist kaum auszumachen unter den vielen Schichten von Glitzer, Plastik, Schleifchen, Herzen, Sternen und was man sonst noch so zum Dekorieren findet. Die erste Regel von Decora lautet: ›Zu viel‹ geht nicht. Die zweite Regel lautet: Bunt sollte es sein. Wie bunt kommt natürlich drauf an, ob man Casual Decora, Dark Decora, Decora-Lolita oder Pink Decora praktiziert. Ganz Gewagte trauen sich vielleicht an die Weiterentwicklung Fairy-kei (Feenstil). Dabei ist alles erlaubt, solange es pastellfarben, flauschig und fluffig ist. Einhörner sowie Bonbons dürfen als Dekoelemente hier nicht fehlen.

Harajuku ist seit Jahrzehnten in ständigem Wandel begriffen, wobei nur eines Bestand hat: die Klage, dass Harajuku auch nicht mehr das ist, was es einmal war. Dass es gar vorbei wäre mit Harajuku im Allgemeinen und seiner Haupteinkaufsstraße, der Takeshita Dori, im Speziellen; wenn nicht heute, dann ganz bestimmt morgen. Der Harajuku-Stil sei längst vereinnahmt von amerikanischen Popstars und europäischen Otakus (Superfans japanischer Popkultur). Die coolen Läden sind eh längst woanders. Und überhaupt.

Stimmt alles, stört aber die kleinen Mädchen aus der Vorstadt nicht. Die kaufen ihre Nasenringe aus Phosphor nach wie vor am liebsten dort. Und wenn die sagen, dass die Takeshita Dori heißer Scheiß ist, dann kann kein griesgrämiger alter Jugendkulturanalytiker das Gegenteil behaupten.

In der Takeshita Dori ist auch die Verpflegung bunt und süß.

Ein Kawaii-Monster bewacht das 6%DokiDoki.

Zu den Institutionen der unmittelbaren Umgebung gehört das 6%DokiDoki. Ich dachte lange Zeit, *doki doki* sei lediglich eine etwas nachlässige Schreibweise von *tokidoki*, also ›manchmal‹. Interessantes Phänomen: Nicht lange genug in Japan, um den Unterschied zwischen *dokidoki* und *tokidoki* zu kennen, aber lange genug, um ›6%Manchmal‹ für einen völlig naheliegenden Namen für eine Damenboutique plus Krimskramsshop und Karikaturstudio zu halten. Dabei heißt der Laden in Wirklichkeit so etwas wie 6%Poch-Poch (analog Herzschlag), was viel sinnhaltiger ist. Auf mehreren Aktions- und Verkaufsflächen etwas abseits der Takeshita Dori (weil die coolen Shops eben inzwischen woanders sind) wird *kawaii* groß geschrieben. Der Inhaber Sebastian Masuda sammelt Niedliches aus aller Welt und reist seinerseits als Botschafter (oder Missionar?) japanischer Niedlichkeit um den Globus. Er verdingt sich zudem als Modeschöpfer auch für andere Häuser und als Betreiber des touristischen Kawaii-Monster-Cafés. Im 6%DokiDoki bietet sein Team kompetente Kawaii-Beratung für jeden Anspruch. Fragt sich nur, ob Masuda der Bewegung vorbildliche Dienste leistet oder ob er den totalen Ausverkauf betreibt.

* * *

Hört man auf die Harajuku-Skeptiker, könnte man meinen, sie sprechen vom Venedig Japans. Die einen haben Angst, dass es verschwindet; die anderen monieren, dass es doch eh längst eine Tou-ristenfalle ist.

Ist es wirklich so schlimm? Nein, es ist viel schlimmer. Denn Ha-rajuku war schon immer eine Touristenfalle. Oder ist es zumindest seit den Nachkriegsjahren. Nach der Kapitulation Japans wurden hier Teile des amerikanischen Militärs untergebracht. Bald eröffne-ten Läden, die sich den Bedürfnissen der Besucher und Besatzer anpassten; sei es mit exotischem Andenkentand oder mit Impor-ten aus der Heimat. Letzteres lockte schließlich auch Einheimische nach Harajuku, die sich inmitten der ausländischen Waren und echten Ausländer wie Touristen fühlen durften. Seit 1951 ist etwa der Oriental Bazaar eine der Institutionen des Ortes (er existiert schon seit 1916, nur zunächst unter anderer Adresse). In diesem kolossalen Andenkenladen gibt es durchaus ernsthaftes, hehres Kunsthand-werk zu erstehen. Die meisten dürften den Laden aber nicht mit einer Kalligrafie aus der Edo-Zeit verlassen, sondern mit einem Sa-muraischwert-Brieföffner oder einer Tokyo-Tower-Schneekugel.

Ein weiteres Traditionsgeschäft hier heißt Kiddy Land. Kiddy Land ist inzwischen dank Filialvermehrung überall, aber am schöns-

Nur im Kiddy Land: Hollands be-kanntester Hase wirbt für Tokios bekannteste Eisenbahnlinie.

ten ist es auf der Omotesando, der hochmodischen Parallelstraße zur jugendmodischen Takeshita Dori, in der sich auch der Oriental Bazaar niedergelassen hat. Lieber ein Snoopy-T-Shirt als eine Louis-Vuitton-Handtasche? Willkommen in Kiddy Land! Irgendwo hier wird es schon zu finden sein, in dieser gestapelten und verwinkelten Ansammlung von Spielzeug und Merchandising für Jung und Junggebliebenen.

Harajuku wird weiterexistieren, wird trotz allen Wandels weiter die Funktion erfüllen, die es seit bald 70 Jahren erfüllt: eine herrliche Touristenfalle für alle zu sein, auch für die Einheimischen. Und doch kann man nicht verhehlen, dass nicht jeder Wandel begrüßenswert ist. Bald wird genau gegenüber dem ikonischen Bahnhof des Ortes eine große Ikea-Filiale eröffnen. Bei weitem nicht die erste Japans, jedoch die erste in einem Großstadtzentrum. Der Bahnhof selbst wird dann auch keine Ikone mehr sein, denn das aparte Gebäude mit seinem Spitzdach und Türmchen mit Wetterhahn muss einer

So klein sehen wir ihn nie wieder: Der Bahnhof Harajuku wird umgebaut.

KAWAII-SUPERHIT: LOLITA-STIL

Der Lolita-Stil irritiert. Und zwar schon länger, als man denkt. Bereits in den Siebzigern formierte sich diese Modebewegung beziehungsweise Lebenseinstellung (ist die Grenze zwischen den Begriffen nicht stets fließend?), die inspiriert ist von viktorianischer Kindermode, Rokoko, Porzellanpuppen und Fünf-Uhr-Tee mit abgespreiztem Finger. Wie jede vernünftige Jugendmode hat sie sich längst in mannigfaltige Untergruppierungen vervielfältigt, etwa Classic Lolita, Sweet Lolita oder Gothic Lolita. Und dann noch mal in Untergruppen der Untergruppen, zum Beispiel Elegant Gothic Lolita oder die gruselige Guro Lolita, die nie ohne größere Blutflecken auf dem weißen Kleid aus dem Haus geht.

Der kindliche Look ist weder Cosplay (viel zu gewöhnlich!) noch erotischer Fetisch. Ursprünglich entstand der Stil sogar aus dem Ansinnen, dem männlichen Blick durch den künstlichen wie kindlichen Look keine erotische Projektionsfläche zu bieten.

neuen Konstruktion weichen. Zugegeben, der alte Bahnhof ist wirklich viel zu klein für die Massen an Besuchern, die er vor allem am Wochenende bewältigen muss. Aber es gibt in Tokio, dieser Eisenbahn- und Bahnhof-verrückten Stadt, kaum ein Bahnhofsgebäude mit mehr Charakter. Der intensive Körperkontakt beim Quetschen durch die Gänge hat etwas Verbindendes: Ich bin Harajuku, du bist Harajuku, wir alle sind Harajuku. Er bereitet außerdem auf das vor, was einen erwartet: Viel mehr Armfreiheit hat man auf der Takeshita Dori auch nicht.

Vor allem aber ist die gute alte Harajuku Station eines: *kawaii*. Wenn das hier nicht zählt, wo soll es dann zählen?

Jungs die Mädchen

Harajuku ist vor allem ein Mekka der Mädchenmode. Macht nichts, denn Mädchenmode ist für alle da. Auch die Jungs schlendern zusehends lieber in Klamotten fürs vermeintlich andere Geschlecht durch die Gegend. Wasser auf die Mühlen der Dinosaurier, die den japanischen Männern vorwerfen, keinen Mumm mehr zu haben, eine Herde von Pflanzenfressern zu sein, die es ihren Mädels nicht mehr richtig besorgen können, weshalb das Volk nun leider aussterben muss (siehe Geburtenrate). Da müssen die widerlichen alten Herren aber keine Angst haben: Die *genderless boys* (so nennt sich der Trend) sind in Wirklichkeit gar nicht geschlechtlos. In der Mehrheit sind sie nicht mal schwul. Sie haben lediglich das lockere Verhältnis zu Geschlechterrollen, das Japan dringend benötigt, wenn es im 21. Jahrhundert mitmachen möchte. *Genderless boys* sind rasend beliebt bei geschlechtsreifen Mädchen. Erste Resultate gibt es schon zu bewundern. Der bekannteste Vertreter der Spezies, das quirlige TV-Talent Ryucheru, ist stolzer Vater. Seine Frau und die Mutter seines Kindes ist das nicht minder quirlige Model Peco. Eine der buntesten Familien des Landes.

KAWAII**INSIDERWISSEN:** JENDARESU–KEI

Jendaresu klingt urjapanisch, ist aber noch so ein Beispiel dafür, wie die japanische Sprache bei neuem Wortbedarf einfach englische Begriffe übernimmt und sie mithilfe des eigenen Silbenalphabets leicht japanisiert. So wird aus *genderless* eben *jendaresu*. *Kei* bedeutet so viel wie ›Art‹ oder ›Stil‹. Wie es der Name schon andeutet, kann beim geschlechtslosen Stil jeder mitmachen. In erster Linie tun es allerdings Jungs, die sich in bunter Bemalung und bunter Garderobe einfach wohler fühlen. Rückschlüsse auf die sexuelle Orientierung sind daraus nicht unbedingt zu ziehen. Auch wenn erwartungsgemäß Teile des konservativen Flügels die Hände über den Köpfen zusammenschlagen, kann man die oberflächlich geschlechtslosen Jungs ohne Weiteres als logische Fortsetzung altehrwürdiger japanischer Traditionen sehen. Im klassischen Kabuki-Theater werden seit Jahr und Tag Frauenrollen von Männern gespielt, im moderneren (gleichwohl selbst bereits klassischen) Takarazuka-Revuetheater treten Frauen als Männer auf.

KAWAIIkunst
Nicht nur niedlich

NICHTS SAGT *kawaii* wie ein paar gezeichnete große, runde, feuchte Augen. Das Kindchenschema ist ein Markenzeichen japanischer Comics und Zeichentrickfilme, bekannt als Manga und Anime, die sogar die blutigsten Laien sofort mit ihrem Herkunftsland in Verbindung bringen. ›Blutig‹ ist dabei ein gutes Stichwort, denn hier, wie in so vielen anderen Kawaii-Manifestationen, darf man nicht in jedem Fall von einer niedlichen Oberfläche auf einen niedlichen Inhalt schließen. Ähnlich wie in den klassischen deutschen Märchen können hinter der Harmlosigkeit japanischer Comics blutrünstige Geschichten, fragwürdige Moral und schwarze Pädagogik lauern. Können, müssen aber nicht.

Gott der Mangas:
Osamu Tezuka

Große Augen, lange Beine

Der Begriff Manga wurde geprägt vom Holzschnittkünstler Katsushika Hokusai (1760 bis 1849) und bedeutet wörtlich so etwas wie ›wunderliche Bilder‹. Bei Hokusai waren das neben Naturbildern vor allem Impressionen vom alltäglichen Leben. Das, was wir heute unter dem Begriff verstehen, begann mit dem Arzt, Autor und Zeichner Osamu Tezuka.

Ein reichhaltiges Manga-Angebot gehört in jeden Buchladen.

»Ich flehe Sie an, lassen Sie mich arbeiten!«, lauteten seine letzten Worte, als eine Krankenschwester 1989 an seinem Sterbebett versuchte, ihm seine Zeichenutensilien zu nehmen. Sein Tod bekam von der Presse fast dieselbe Aufmerksamkeit wie der Tod von Kaiser Hirohito einige Wochen zuvor. Der Kaiser ging in die Geschichte ein als der erste Monarch Japans, der seinen göttlichen Status aufgegeben hatte und zum Menschen geworden war. Tezuka hatte es umgekehrt gemacht: Als Menschenkind geboren, ist er bereits zu Lebzeiten ein Gott geworden. Er war bekannt als ›der Gott des Mangas‹.

Beeinflusst von amerikanischen Trickfilmen (*Dumbo* soll er nach eigenen Angaben über achtzigmal gesehen haben; öfter als ich *Kamikaze Girls*, aber nur ein bisschen) und japanischem Travestietheater prägte er den großäugigen, niedlichen Zeichenstil und die atemlose Erzählweise, die heute noch die Gattung bestimmen. Er zeichnete und schrieb 700 Comics, darunter im Jahr 1947 *Die neue Schatzinsel*, ein Werk, das auf 200 Seiten eine zusammenhängende Geschichte erzählte. Heutzutage gehen Manga-Erzählungen noch viel epischer in die Breite, doch damals war das ein ganz neues Konzept. Bis dahin bestand die Gattung aus gezeichneten Witzen, die nach wenigen Bildern vorbei waren.

Seit seiner Kindheit besuchte Tezuka regelmäßig das legendäre Takarazuka-Revuetheater, benannt nach seinem Heimatort, in dem alle Rollen von Frauen gespielt werden. Heute gibt es einen erfolgreichen Ableger in Tokio, wo das Repertoire von klassischen Samurai-Dramen bis *Ocean's 11* (bekanntlich eher ein Ninja-Drama) reicht. Einige Schauspielerinnen hatten einen Narren an dem kleinen Osamu gefressen, er war ein gern ge-

Umgekehrtes Kabuki: In der Takarazuka-Revue werden alle Rollen von Frauen gespielt.

sehener Gast hinter den Kulissen. Die aufwendigen Kostüme und das auffällige Make-up beeinflussten grundlegend seinen Zeichenstil, der wiederum das gesamte Genre grundlegend beeinflusste.

Als die Mangas laufen lernten

1960 erfüllte sich Tezuka seinen lang gehegten Traum und stieg in die Zeichentrickproduktion ein. *Astro Boy*, eine Manga-Verfilmung über einen süßen atomkraftbetriebenen Roboterjungen, wurde zur ersten japanischen Trickserie, die auf den internationalen Markt abzielte. Sie war eine Folge von Japans erwachender Begeisterung für Kernenergie. Dabei hatte die Unterhaltungsindustrie mit *Godzilla* unter dem Eindruck der Bombenabwürfe auf Nagasaki und Hiroshima wenige Jahre zuvor noch ein bedrohliches Bild der Atomkraft gezeichnet. Ein Widerspruch ist das nicht. In Japan wurde lange Zeit zwischen guter Atomkraft (Energie) und böser (Bombe) unterschieden. Weitreichende Zweifel

Läuft und läuft und läuft: Tezukas Astro Boy

an dieser Unterscheidung kamen erst nach dem Reaktorunglück in Fukushima 2011.

Astro Boy wurde ein großer Erfolg in den USA. Die erste japanische Trickserie in Farbe, die Verfilmung des Tezuka-Mangas *Kimba, der weiße Löwe*, kennt auch in Deutschland und anderen europäischen Ländern jeder, der in den Siebzigern Kind war (für meine Generation traumatischer als *Bambi*). Nach den Fernsehserien wurden bald auch die Mangas weltweit vermarktet. Internationale Künstler zeigten sich beeindruckt und wollten mit Tezuka zusammenarbeiten. Allerdings war er ebenso perfektionistisch wie produktiv. Schon bei *Astro Boy* gab es kreative Differenzen mit amerikanischen Ko-Produzenten. Weil er um seine Freiheit fürchtete, schlug Tezuka Stanley Kubricks Angebot aus, die künstlerische Leitung seines Filmprojekts *2001: Odyssee im Weltraum* zu übernehmen (der Film ist trotzdem

OSAMU TEZUKA

KIMBA
DER WEISSE LÖWE

Die Zeichentrickserie zu *Kimba* ließ auch in deutschen Wohnzimmern kein Auge trocken.

ganz gut geworden). Ein gemeinsames Projekt mit seinem großen Vorbild Walt Disney kam über den Planungsstatus nicht hinaus. (Disneys Studio allerdings schnappte sich Jahre später ungefragt Tezukas Kimba und machte daraus *Der König der Löwen*.)

Tezuka blieb in Japan, arbeitete ständig, in späteren Jahren mit wechselhaftem Erfolg. Waren seine frühen Arbeiten für die ganze Familie geeignet, kamen zunehmend Geschichten nur für Erwachsene hinzu, etwa schlüpfrige Schnurren aus dem Künstleralltag oder Sexgeschichten aus dem alten Ägypten (*Cleo und die tollen Römer*). Zu seinen letzten großen Werken gehörte das mehrbändige Werk *Adolf* über die vermeintliche jüdische Abstammung Adolf Hitlers (eine damals beliebte, inzwischen widerlegte Aluhut-Theorie). Es wurde kontrovers diskutiert, und es war der erste Manga, der in japanischen Buchhandlungen nicht in der Comic-Abteilung platziert wurde, sondern bei den Belletristik-Titeln. Sein Lebenswerk *Phoenix*, eine kaleidoskopartige Reinkarnationsgeschichte aus mehreren Jahrtausenden, an dem er seit den Fünfzigern gearbeitet hatte, blieb unvollendet.

Dennoch: Wer sich heute in Japan umschaut, würde nicht auf die Idee kommen, dass Osamu Tezuka bereits seit 30 Jahren tot ist. Seine Charaktere sind auf zahllosen Merchandising-Artikeln und in der Werbung so allgegenwertig wie Hello Kitty oder Micky Maus. Seine Werke werden weiterhin aufgelegt, verfilmt und fortgesetzt. Er hat das geschaffen, was von der japanischen Regierung ganz offiziell als ›Cool Japan‹ gefördert wird, auf dass es das Bild des Landes im Ausland präge.

Die Erzählformen Manga und Anime hat er ohnehin geprägt. Die Genres boomen, und für die Arbeiten seiner Nachfolger gilt ebenso wie für Tezukas eigene Werke: Nicht alles, was auf den ersten Blick niedlich aussieht, ist für Kinder gedacht.

Kleine Vampire, nur für Erwachsene

Wer artig seinen *Dracula* mit Fuß-noten gelesen hat, mag sich den-ken, dass jemand namens Mina Tepes kein harmloses kleines Mäd-chen mit einer Vorliebe für gro-ße Zöpfe und nabelfreie Tops ist. Schließlich war Tepes (Pfähler) der Beiname des slawischen Kriegs-fürsten Vlad III., da er seine Wider-sacher so gerne auf große, spitze Pfähle aufgezogen sah. Sein an-derer Beiname lautete Draculea, Sohn des Drachen, und selbstver-ständlich war er die Inspiration für den berühmtesten Vampir der Welt (ja, liebe Mädchen, sogar vor dem funkelnden Edward). Flugs noch den Vornamen der weibli-

Kein Kind und nichts für Kinder: Mina Tepes aus *Dance in the Vampire Bund*

chen Hauptfigur des Romans dazugenommen, schon haben wir Mina Tepes, Hauptfigur der nicht ganz unumstrittenen Manga- und Anime-Serie *Dance in the Vampire Bund*.

Weil in Mina bereits früh die Vampirkräfte zu walten und schalten begannen, wurde ihr Alterungsprozess stark verlangsamt, weshalb sie noch nach Jahrhunderten aussieht wie ein vorpubertäres Mädchen. Unter dem unschuldigen Äußeren brodeln allerdings Wollust und Blutdurst, wie es sich für eine alte Untote gehört. Die daraus entstehenden freizügigen Bilder sind nicht allen ganz geheuer. Man kann das verstehen. Gleichwohl muss man anerkennen, dass die Storys und Figuren von *Dance in the Vampire Bund* komplex sind und Pädophilen kaum Projektionsfläche bieten. Pädophile stehen nämlich auf Kinder, die wie Kinder handeln. Nicht auf Erwachsene, die lediglich wie Kinder aussehen. Trotzdem, oder gerade drum: *Dance in the Vampire Bund* ist nur für hartgesottene Erwachsene.

* * *

Gut möglich, dass Mina Tepes von ihren Verehrern nicht nur als *kawaii* oder *kimokawaii* gesehen wird, sondern auch als *moe* (wie Anime mit betontem E: moé). Bei dem Trendbegriff (wie bei allen Trendbegriffen mag seine Verwendung endlich sein; gewisse Abnutzungserscheinungen sind schon auszumachen) handelt es sich um eine wortspielerische Doppelableitung der Wörter ›knospen‹ und ›brennen‹. Beides heißt im Japanischen *moeru*, die Begriffe werden allerdings mit unterschiedlichen Zeichen geschrieben. *Moe* bedeutet also so viel wie: brennen für das Knospende, was in erster Linie junge Schönheiten meint. Man findet den Ausdruck bereits im *Man'yoshu* (›Sammlung der tausend Blätter‹), der ersten großen japanischen Gedichtanthologie, circa 700 bis 800 nach Christi Geburt. Doch danach war er ein paar Jahrhunderte verschwunden. Warum er im späten 20. Jahrhundert in Otaku-Kreisen eine Renaissance erfuhr, ist nicht genau belegt. Selbstredend gibt es jede Menge Theorien. Die schnödeste geht zurück auf einen Tippfehler in einem Online-Forum; ein Teilnehmer wollte ›brennen‹ schreiben

und hat versehentlich ›knospen‹ geschrieben (so etwas kann bei der Arbeit am Computer leicht passieren: Schreibprogramme raten nach Tastenanschlag die gemeinten Schriftzeichen auf Grundlage von genereller Häufigkeit und spezifischem Zusammenhang, allerdings raten sie – wie die Autovervollständigung bei anderen Sprachen – nicht immer richtig). Eine andere Theorie besagt, dass der Name von einer Figur aus einem Manga oder Anime komme. Möglicherweise Moechan aus *Der Planet der Dinosaurier* oder Hotaru Tomoe, besser bekannt als Sailor Saturn, Kollegin von Sailor Moon.

Hotaru Tomoe (etwa: sprießendes Glühwürmchen) ist ein ruhiges, verschlossenes Mädchen mit einem Hang zu Schwächeanfällen, doch sie wird im Verlauf der Serie zusehends stärker und mächtiger. An männliche Beschützerfantasie appelliert sie nicht; die Serie *Sailor Moon* ist fest im Magical-Girl-Subgenre verankert, richtet sich also ausschließlich an Mädchen.

Magical Girl: Sailor Moon in Hogwarts–Schuluniform

Moe hingegen ist Männersache. Manch einer meint, *moe* sei Erotik für die Männer, denen echte Erotik zu erotisch ist. Männer, denen typische Lolita-Fantasien zu aggressiv und sexy sind.

Moe-Charaktere folgen meistens dem Manga-typischen Kindchenschema mit riesigen, feuchten, ausdrucksvollen Sehorganen. Auch Katzenohren sind ein beliebtes Accessoire, um süße Manga-Mädchen noch süßer zu machen. Nun wird eine gewisse Schmunzelfraktion wieder schmunzeln und rufen: Ach, diese verrückten Japaner! Dabei kommen die berühmtesten Comic-Figuren im Bereich des Tierohren-Fetischs aus dem Westen. Es gibt etliche katzenbasierte Superheldenidentitäten in den Universen von Marvel, DC und anderen US-Verlagshäusern, außerdem krabbeln da noch diverse Vertreter insekten- und spinnenähnlicher Spezies herum. Batman, Catwoman oder Black Panther zum Beispiel sind von einem *kemonomimi,* wie die japanischen Mischwesen genannt werden (*kemono* sind klassische Fabelwesen, *mimi* heißt Ohren) allenfalls dadurch zu unterscheiden, dass die Ohren Teil ihrer Kostümierung sind, anstatt ihnen einfach aus dem Kopf herauszuwachsen. Ob man nun die süßen Figuren aus dem Osten oder die Finstermänner und -frauen aus dem Westen anziehender findet, ist wohl eine Frage der eigenen Vorlieben. Auf erotische Ausstrahlung haben es beide Konzepte angelegt. Schließlich sind Batman und Catwoman flatterhafte und geschmeidige Geschöpfe der Nacht, die bekanntlich nicht allein zum Schlafen da ist. Mit der uramerikanischen Spezies der Playboy-Bunnys wollen wir an dieser Stelle gar nicht erst anfangen.

Nicht vergessen: Was der Otaku schätzt, muss der Mainstream noch lange nicht schätzen, auch in Japan nicht. In der breiten Öffentlichkeit wurde der Begriff *moe* erst 2005 zum Modewort, als er

Was glotzen Sie denn so? Noch nie ein *kemonomimi* gesehen?

in der TV-Verfilmung der Online-Erzählung *Train Man*, einer Otaku-Romanze nach angeblich wahren Begebenheiten, verwendet wurde. Flugs wurde der Begriff in die Top 10 der prägnantesten Ausdrücke des Jahres gewählt. Der jährliche Umsatz mit Moe-Produkten wurde auf rund 750 Millionen Euro geschätzt. 2007 war das Thema *Newsweek Japan* eine Titelgeschichte wert. 2008 gab die japanische Fremdenverkehrszentrale eine Broschüre mit Anleitungen für Fremdenführer heraus, wie das Thema Touristen am besten zu vermitteln sei.

Pups-Fiction und fliegendes Kannibalenfutter, nur für Kinder

Jedes Kind kennt Anpanman. Jedes japanische Kind. Und jeder Erwachsene, der nach 1973 einmal japanisches Kind gewesen ist. Außerhalb Japans kennt niemand Anpanman. Dabei ist sein Kopf doch aus mit süßer Bohnenpaste gefülltem Brot *(anpan)*. Eine Leibspeise japanischer Kinder, schmeckt gut und macht satt. Immer wenn jemand Hunger hat, kommt Anpanman angeflogen und lässt ein Stück von seinem Kopf abbeißen. Wenn der Kopf ganz aufgegessen ist, fliegt der Körper kopflos zum Bäcker zurück. Der backt dann einen neuen Kopf aus *anpan*. Wieso hat sich diese herzerwärmende Kannibalengeschichte für Jungs und Mädchen im Vorschulalter international nie durchgesetzt? Wahrscheinlich mögen die Menschen außerhalb Japans einfach kein Bohnenpastebrot. Oder das Erzähluniversum ist zu komplex. Das *Guinness-Buch* hat nachgezählt und kam zu dem Ergebnis, dass weltweit die klassische Anpanman-Fernsehserie die mit den meisten Figuren ist. 1.768 waren es zum Zeitpunkt der Zählung, die meisten davon essbar.

Anpanman und seine essbaren Freunde

Und man kann sie alle besuchen, unter anderem im Anpanman-Museum in Yokohama. Selbstverständlich haben wir das mit unserer Tochter getan, als sie genau das richtige Alter dafür hatte (nicht ganz drei). Sie hatte darauf bestanden, hatte immer wieder darauf hingewiesen, dass sie das »Yokohama Anpanman Children's Museum and Mall« besuchen wollte, jedes Mal mit dem Ernst und der Genauigkeit von Kleinkindern den ganzen offiziellen Namen zitierend, wie das verdammte Werbefernsehen es ihr eingetrichtert hatte. Der Komplex besteht aus einem Gebäude mit drei Stockwerken und einem angrenzenden Einkaufszentrum, in dem es nicht nur Anpanman-Andenkenläden gibt, sondern auch Anpanman-Bäckereien und -Restaurants sowie einen Anpanman-Frisör. Lange Zeit zerbrach ich mir den Kopf, welches Konzept hinter den drei Stockwerken des Hauptgebäudes steckte. Gab es so etwas wie ein Wissensstockwerk, ein Spielstockwerk, ein Sportstockwerk? Schließlich verstand ich, dass das Konzept jedes Mal dasselbe war: buntes Zeug, zwischen dem Kinder schreiend herumrennen können. Und das tun sie. Unentwegt. Jede Menge von ihnen.

Meine Frau bemerkte, dass alle anwesenden nicht-japanischen Väter (ich kam auf drei, mich eingerechnet) denselben leeren Gesichtsausdruck hatten. Und den hatten sie, weil sie in der Hölle angekommen waren. Und sie waren in der Hölle, so die Theorie meiner Frau, weil sie keine eigene emotionale Bindung zu den Figuren des Anpanman-Universums hatten. Meine Frau ist zwar nicht unbedingt aktiver Anpanman-Fan, aber sie ist selbst mit den Geschichten aufgewachsen und konnte eine gewisse Nostalgie inmitten des kindlichen Geschreis und Gerennes nicht abschütteln.

Mit ihrer Theorie lag sie bei mir derweil nicht ganz richtig. Ich mag Anpanman. Wahrscheinlich verbargen sich hinter meinem leeren Blick tiefe Gedanken. Zwar bin ich nicht mit Anpanman aufgewachsen, aber sehr wohl mit den Superhelden-Comics von Marvel und DC. Die hatten ebenfalls recht umfangreiches Personal. Kann es wirklich sein, dass die Anpanman-Welt mehr hatte? Hatte das Marvel-Universum nicht eine viel höhere Einwohnerzahl? Zumindest dann, wenn man nicht nur die kostümierten Protagonisten und Antagonisten zählte? In meinem Kopf ging ich sie alle durch, die Onkel und Tanten, Polizei- und Feuerwehrleute, Chefredakteure und Zeitungsjungen, Anwälte und Bordsteinschwalben, kleinen

Gauner und großen Verbrecher – überhaupt jeden, der sich die Welt mit Wolverine und Howard the Duck teilte.

Ich kam nie sonderlich weit. Immer wieder musste ich meinem begeistert schreienden Kind hinterherjagen. (Mein Denkfehler war freilich, dass der amtliche *Guinness-Buch*-Rekord des Bohnenpastebrotmanns mit seinen 1.768 Nebenfiguren sich auf Fernsehserien bezog, nicht auf Comicserien. Da müsste man dann noch mal nachzählen.)

Es gab auch andere Ablenkungen. Ich weiß, dass im Sanrio Puroland die Röcke der Show-Tänzerinnen gekürzt wurden, um den anwesenden Vätern den Aufenthalt etwas erträglicher zu machen. Im Yokohama Anpanman Children's Museum and Mall setzte man augenscheinlich auf ein ähnliches Prinzip.

Nein, das ist nicht die Hölle, dachte ich mir, als wir uns die Zwei-Uhr-Nachmittags-Tanzdarbietung im Außenhof ansahen. Das ist allenfalls das Fegefeuer. Mit Beinen.

* * *

Eine andere ganz erstaunliche Figur, die ich ohne meine Tochter gar nicht kennen würde, ist Oshiri Tantei, wörtlich: der Popodetektiv. Klingt zunächst wie ein Nachwuchsrapper aus dem Protektorat des Hip-Hoppers Frauenarzt, ist aber eine weitgehend harmlose Figur, die in Kinderbüchern und Kinderfernsehen die Herzen von Vorschulkindern höherschlagen lässt. Oshiri Tantei hat buchstäblich ein Arschgesicht (sein Kopf ist ein großer Popo) und den feinen Umgang eines britischen Gentleman-Ermittlers. Abgesehen davon, dass er nach Identifizierung des Täters diesem ins Gesicht furzt. Zu seinen Erkennungssätzen gehört (selbstverständlich): »Ich rieche Ärger.«

Die Reihe illustrierter Kinderbücher, von denen jedes mit den Worten »Pups, pups« beginnt, erscheint seit 2012. Die Fernsehserie

Erfolg stinkt nicht: Der Popodetektiv ist ein Kinderbuch-Bestsellergarant.

dazu ist ein interaktives Erlebnis. Mit einer Taste auf einer handels-üblichen Fernsehfernbedienung können die kleinen Hilfssheriffs zum Beispiel farbige Popos zählen, die in der Sendung versteckt sind. Das individuelle Ergebnis wird später eingeblendet. Wie pädagogisch wertvoll das ist, weiß ich nicht. Ich weiß nur, dass es pro Woche un-gefähr zwanzig Minuten meines Lebens sind, die ich völlig ungestört verbringen darf.

Ich bin trotzdem froh, dass es zur Serie keinen Themenpark gibt. Obwohl: Das Unko (Kot) Museum in Yokohama kommt der Sa-che vermutlich recht nah. Wohltuend befreit von Belehrungen über Ernährung und Körperfunktionen wird dort mit Spielen, Kunstob-jekten und Schnappschusskulissen dem Kothaufen als Spaßfaktor gehuldigt. Denn Kot kann *kawaii* sein. Man muss nicht mal traurig sein, dass die Einrichtung in Yokohama bald ihre Pforten schließt. Denn kurz darauf wird sie sie in Tokio wieder öffnen.

* * *

Ob Mangas Kunst sind oder nicht, darüber kann man trefflich streiten. Das liegt schon daran, dass die Frage falsch gestellt ist. Selbstverständlich sind manche Mangas künstlerisch wertvoll, andere eher nicht; dasselbe gilt für jede Erzählform vom Buch über den Film bis zum Videospiel. Eines lässt sich schwerlich abstreiten: Moderne Kunst und Manga-Ästhetik gehen im Herkunftsland des Mangas Hand in Hand.

Die Welt ist superflach, aber bunt

Takashi Murakami, Begründer der Superflat-Bewegung, ist wahrscheinlich Japans bekanntester lebender Künstler. Er arbeitete für Louis Vuitton und mit Kanye West, was soll da noch kommen? Laut eigener Aussage war er in seiner Kindheit ein Otaku, konnte aber nie mit den anderen Otakus mithalten, was das Ansammeln und Abrufen von Trivialwissen anging. Deshalb stieg er aus. Als Erwachsener wurde er berühmt für Kunst-

Takashi Murakamis Kunst bedient sich oft der Ästhetik, die sie vorgeblich kritisiert.

werke, die sich kritisch mit der Otaku-Ästhetik auseinandersetzten. Dennoch sind seine Skulpturen und insbesondere seine mannigfaltigen Merchandising-Artikel vor allem bei jenen Menschen beliebt, die ein Faible haben für das, was da angeblich kritisiert wird. Hat aber niemand behauptet, dass Kunst nie missverständlich oder widersprüchlich sein dürfe. Das wäre ja langweilig.

Die bunten, ausufernden Skulpturen und Gemälde von Taro Okamoto (1911 bis 1996) sind vom japanischen Manga ebenso beeinflusst wie von den europäischen Meistern der abstrakten Kunst und des Surrealismus. Sein Vater war schließlich ein berühmter Manga-Künstler, und er selbst verbrachte seine Jugend bis zum Einmarsch der deutschen Truppen in Paris. Der Krieg zerstörte einen

Großteil seiner frühen Werke und wurde zu einem seiner Hauptthemen. Eines seiner bekanntesten Werke ist das riesige Wandgemälde *Mythos von morgen*. Wahrscheinlich hat es jeder gesehen, der nach 2008 in Tokio war. Nachdem es 30 Jahre lang in Mexiko verschollen war, hängt es nun permanent im Bahnhof Shibuya. Es passt bestens zu diesem wuseligen und bunten Stadtteil.

Yoshitomo Naras Bilder sind auch in Deutschland häufig zu sehen. Kein Wunder: Er studierte an der Kunstakademie Düsseldorf. Der 1959 geborene Neo-Pop-Künstler bestreitet, von Mangas beeinflusst zu sein. Er fühlt sich eher dem Punkrock verbunden. Doch können die großen Augen seiner Kinderzeichnungen lügen? Traditionell niedlich sind seine Schöpfungen derweil selten. Auch große Augen können böse blicken. So verbindet Nara in seinen Werken *kawaii* und *kowai* (gruselig) und bewegt sich, genau wie Takashi Murakami, im Spannungsfeld zwischen Kritik und Affirmation kontemporärer japanischer Pop-Ästhetik. Damit konnte sich der Künstler einen weltweiten kaufkräftigen Anhängerkreis erarbeiten.

Keiichi Tanaami (geboren 1936) gilt als geistiger Ziehvater moderner Künstler wie Takashi Murakami. Wie Taro Okamoto ist er stark beeinflusst von seinen Erfahrungen im Zweiten Weltkrieg: Kampfflugzeuge und Totenköpfe gehören zu den wiederkehrenden Elementen seiner Arbeiten. Ebenso beeindruckte ihn ein Zusam-

KAWAII—SUPERHIT: ASTRO BOY

Osamu Tezukas süßer kleiner Roboter Astro Boy, eigentlich Tetsuwan Atomu (Eisenarm Atom), ist ein Update von Pinocchio, wurde er doch von einem trauernden Wissenschaftler als Ersatz für den verstorbenen Sohn geschaffen. Als sein Schöpfer merkt, dass Astro Boy nicht altert, verstößt er ihn. Ein anderer Wissenschaftler stattet ihn nach kurzer Zirkuskarriere mit Superkräften aus. Fortan kämpft Astro Boy für Frieden und Gerechtigkeit und rührt dabei kräftig die Werbetrommel für die Atomkraft, mit der sein Herz betrieben wird. Dafür war man in den frühen Fünfzigern, in denen die Figur ihr Manga-Debüt gab, noch ein bisschen leichter zu begeistern als später. Die folgende Anime-Serie war die erste mit Fortsetzungsgeschichte und die erste, die erfolgreich international vermarktet wurde, insbesondere in den USA. Richtig weg war Astro Boy seitdem nie, weder als Film- noch als Werbefigur. Sein Hollywood-Debüt verpuffte zwar vor ein paar Jahren an den Kinokassen. In Japan ist er dieser Tage allerdings sehr präsent und wirbt erneut für eine Zukunftstechnologie: das bargeldlose Bezahlen. Momentan sind alle fortschrittsduselig begeistert davon. Wie einst von der Atomkraft.

mentreffen mit Andy Warhol sowie dessen Auseinandersetzung mit der amerikanischen Konsumkultur (sie hat ähnliche Schwachstellen wie die Auseinandersetzung mit der japanischen Konsumkultur, die Murakami und Co. praktizieren). Tanaami entwarf Albumcover für The Monkees und Jefferson Airplane, er war außerdem der erste Art Director des japanischen *Playboy*. Mehr kann man vom Leben kaum verlangen.

Wer länger Kunst betrachtend in Japan weilt, sieht bald unweigerlich Punkte. Viele Punkte. Viele schwarze Punkte auf buntem Grund. Schuld daran ist die emsige Künstlerin Yayoi Kusama. Im Alter von zehn Jahren begann sie Bilder aus Kreisen und Punkten zu malen, und sie hat bis heute nicht aufgehört. Inzwischen ist sie 90. Sie hat ihr eigenes fünfstöckiges Museum im Tokioter Geschäfts- und Vergnügungsviertel Shinjuku, nahe ihres Studios sowie der Nervenheilanstalt, in der sie seit 1977 freiwillig lebt. »Ohne die Kunst hätte ich mich längst umgebracht«, soll sie einmal gesagt haben. Ihre farbenfrohen, fröhlichen Kreationen scheinen im Kontrast zu ihren inneren Kämpfen und den düsteren Prosawerken zu stehen, die sie in den Achtzigern schrieb.

Sobald Yayoi Kusama etwas in die Finger bekommt, macht sie Punkte drauf.

BAKUMAN

5

Falls einen die Kinder irgendwann fragen, wo eigentlich die Mangas herkommen, ist es praktisch, wenn man mit Anschauungsmaterial arbeiten kann. Warum nicht mit einem Manga über Mangas? Dabei geht es in *Bakuman* keinesfalls nur um die japanischen Comics, sondern um die Teenager Moritaka Mashiro und Akito Takagi, die Manga-Künstler werden wollen. Und weil sie eben Teenager sind, wollen sie nicht nur Manga-Künstler werden, sondern vielleicht auch mal mit Mädchen ausgehen. Moritakas Herz zum Beispiel schlägt für die junge Miho, die gerne Zeichentrick-Synchronsprecherin werden möchte. Da lassen sich bestimmt Synergieeffekte nutzen. Eine anrührende Geschichte mitten aus dem Leben, bei der auch die dunkleren Seite der Manga-Industrie nicht verschwiegen werden, etwa der Konkurrenzdruck oder die chronische Überarbeitung bei bestenfalls mäßiger Bezahlung. Für Tsugumi Oba und Takeshi Obata, die Macher von *Bakuman*, dürfte sich die Schufterei allerdings inzwischen ausgezahlt haben. Von ihnen stammt auch der weltweite Hit *Death Note*.

KAWAIIgames
Japaner spielen (ein bisschen) anders

IM JAHR 2019 FEIERTE meine Beziehung zu Japan ihr Zwanzigjähriges. Ich wollte das mit einem sentimentalen Spaziergang zu den Schlüsselorten meiner ersten Reise feiern. Ich war seinerzeit in einem Hotel nahe der Einkaufsstraße Ginza untergebracht gewesen. Gleich um die Ecke befindet sich der Spielzeugladen Hakuhinkan Toy Park. In ihm hatte ich viel Zeit verbracht. Zum einen, weil es zu den Aufträgen meiner Geschäftsreise gehört hatte, möglichst verrückten japanischen Technik-Schnickschnack mit nach Hause zu bringen, damit das Magazin, für das ich unterwegs war, ein paar Seiten mit verrücktem Schnickschnack füllen konnte. Zum anderen hatte ich viel Zeit im Toy Park verbracht, weil es halt nicht anders geht, wenn man erst mal hineingegangen ist. Ein Mann geht rein, ein kleiner Junge kommt raus. Nach geraumer Zeit, mit mehreren Plastiktüten.

Mein Spaziergang 2019 war ernüchternd. Mein Hotel hieß anders, meine Schnellrestaurants waren nicht mehr da, ich erkannte meinen U-Bahn-Eingang nicht wieder. Nur eines war unverändert: Der Hakuhinkan Toy Park stand immer noch, ein mächtiger Monolith der Niedlichkeit. Ich ging rein, ich kam wieder raus. Irgendwann.

Wenn Barbie nicht niedlich genug ist

Mediziner, die nichts Besseres zu tun hatten, haben herausgefunden, dass Barbie ob ihrer Figur keine Kinder gebären kann. Da hat

Pokemon-Attacke
im Spielzeugladen

Licca, die japanische Barbie-Konkurrentin, gibt es für jeden Geschmack.

Licca ihr einiges voraus; die japanische Barbie-Konkurrenz war 2001 in einer limitierten Schwangerschaftsedition erhältlich. Das Baby zum Bauch konnte bestellt werden, es wurde rechtzeitig zur Entbindung per Post geliefert. Im Lieferumfang war außerdem ein Schlüssel enthalten, mit dem man Liccas Bauchumfang wieder auf die Werkseinstellung zurücksetzen konnte. Die Macher der Puppe hatten Glück: 2001 war Schwangersein schwer angesagt, denn im Kaiserhaus hatte sich Nachwuchs angekündigt.

Vor ihrer Schwangerschaft hat Licca es, ganz wie im richtigen Menschenleben üblich, ordentlich krachen lassen: Als Street Licca war sie zum Beispiel DJane (wie man vor nicht allzu vielen Jahren noch sagte, ohne zu merken, dass es mit künstlicher weiblicher Endung viel sexistischer ist als ohne). Sondermodelle gibt es immer wieder, etwa als Kyoto-Fremdenführerin im Kimono oder als Flugbegleiterin im originalen All-Nippon-Airways-Dress. Zum Spielen sind die zu schade, man muss sie eher als eBay-Investitionen betrachten. Die Gefahr, dass sie plötzlich schwanger werden, ist derweil nicht mehr gegeben.

Licca selbst kam 1967 zur Welt, kurz nachdem Barbie in Japan gefloppt war. Die amerikanische Puppe, die zunächst von der Vorgängerorganisation des späteren Hello-Kitty-Konzerns Sanrio lizenziert worden war, war zu teuer und zu weit entfernt vom Volksgeschmack. Da brachte Takara (heute als Takara Tomy viertgrößter Spielwarenhersteller der Welt) ein ähnliches, aber anderes Produkt auf den Markt: Licca-chan hatte asiatischere Züge und einen zierlicheren Körper, gleichwohl größere Augen. Ihr Vater ist ein französischer Cellist, ihre Mutter japanische Modedesignerin. Sie ist also das, was man in Japan oft despektierlich als *haafu* bezeichnet; jemand, der nur einen japanischen Elternteil hat (vom englischen *half*). Damit war Takara progressiver als Mattel. Barbies Mutterkonzern brachte sie erst 1980 in anderen Haut- und Haarfarben als Weiß und Blond auf den Markt.

Japanische Kinder spielen also am liebsten mit einer Haafu-Puppe. Zu ihrem 50. Geburtstag im Jahr 2017 hatten deutlich über 60 Millionen Exemplare ein Zuhause gefunden.

Schau mir in die großen Augen, Kleiner

Es war ein Wechselbad der Gefühle, als ich meine erste Blythe-Puppe sah, und zwar während einer Ausstellung in einem Kaufhaus in Tokio. Ich weiß gar nicht mehr, wie ich dorthin gekommen war; ich gehe nicht gewohnheitsmäßig in Puppenausstellungen (egal, was Sie gehört haben). Vielleicht hatte ich mich verlaufen, als ich in Wirklichkeit etwas total Männliches gesucht habe (Godzilla-Figuren oder T-Bone-Steaks etwa). Vielleicht hatte das Schicksal mich mit sanfter Hand geführt. Ich hatte schon große Augen gesehen, aber nie so große. Ich hatte schon süße Kleider

Blythe: in den 70ern ein Flop in den USA, seit den 90ern Kult in Japan

Da dachte wohl jemand, eine Blythe-Puppe an sich wäre noch nicht süß genug.

gesehen, aber nie so süße. Ich wollte eine dieser Puppen besitzen, doch sie waren in jener Ausstellung nicht zum Verkauf freigegeben. Als ich die Puppen und ihre Preise später in einem anderen Geschäft sah, sagte ich mir am Andenkenstand: Vielleicht reicht auch dieser Notizblock mit der Abbildung einer Blythe-Puppe darauf.

Zum ersten Mal eine Blythe-Puppe zu sehen, bedeutet, wieder an die Liebe zu glauben. Es bedeutet außerdem, einem Irrtum aufzusitzen (nicht bezüglich der Liebe, keine Sorge). Der zweite Gedanke nach ›Nein, wie süß!‹ lautet nämlich: Typisch japanisch! Ist auch typisch japanisch, allerdings keine japanische Idee. Erfunden wurde Blythe in den USA, nur wollte sie dort keiner haben. In Japan wurde sie mit Begeisterung adoptiert. Inzwischen gibt es sie in drei Ausführungen: Neo, Petite und Middie. Neo, die größte, hat einen Kopf vom Umfang einer Grapefruit (Herstellerangabe). Sie kann ihre Blickrichtung und Augenfarbe ändern, wenn man an einer Schnur an ihrem Hinterkopf zieht.

Die kleine amerikanische Firma Kenner, die ein paar Jahre später durch ihre glückliche Spielzeuglizenz zu einem seltsamen Science-Fiction-Film namens *Krieg der Sterne* ein gewisses Maß an Wachstum verzeichnen sollte, brachte Blythe 1972 auf den Markt und nahm sie 1973 wieder runter. 1999 sah Junko Wong, Chefin einer Künstleragentur, auf einer Party Fotos der alten Dinger. Die Tochter einer Tänzerin der legendären Takarazuka-Revue und eines amerikanischen Soldaten war überzeugt, dass die Puppe ein Hit in Japan werden könnte. Ein Jahr später erwarb sie die Lizenz und vermarktete Blythe nicht mehr als Spielzeug, sondern als Modepüppchen im Wortsinne, ein Liebhaberprodukt für erwachsene Sammlerinnen und Sammler. Es wurden neue Modelle in verschiedenen Größen sowie mit unterschiedlichen Funktionen kreiert, Künstler wie Popstars posierten gern mit den possierlichen Puppen, extravagante Sondereditionen wurden für gute Zwecke versteigert. Heute gibt es einen permanenten Laden in Tokios Modeviertel Daikanyama, außerdem eine Verkaufsfläche im Kaufhaus Marui One in Shinjuku.

Seht euch diese großen ... Figuren an.

Ran an die Figuren

Japanische Männer spielen nicht mit Puppen, japanische Männer spielen mit Figuren. Gut, alle Männer spielen mit Figuren, überall auf der Welt. Aber nicht jeder spielt mit solchen Figuren. Viele dieser Figuren sind ohnehin zu schade, um damit zu spielen. Oder sie sind weder für Kinderhände noch für Kinderaugen gedacht. Vielleicht fürs Wohn- oder Schlafzimmer eine leicht bis gar nicht bekleidete Vinylfigur aus dem Lieblings-Erotik-Manga, mit den hervorstechendsten Merkmalen in glorreichem, wohlgerundetem 3-D? Warum nicht, sagt sich manch aufgeschlossener Fan. Ursprünglich wurden die Kunststofffiguren aus PVC hergestellt. Das verformte sich allerdings zu leicht im Sonnenschein (und in allzu schwitzigen Händchen, könnte man sich vorstellen). Inzwischen wird Vinyl hergenommen, ohnehin der Fetischstoff Nr. 1 für so manche Sammlerseele.

Als in den Neunzigern die ambitionierte Zeichentrickserie *Neon Genesis Evangelion* über den Kampf zwischen Menschen, Maschinen und Außerirdischen herauskam, war hinterher nichts mehr, wie es einmal war. Erzählerisch, psychologisch, philosophisch und ästhetisch allem Dagewesenen (und dem meisten Danachgekommenen) mei-

Neon Genesis Evangelion setzte Marketing-Maßstäbe.

lenweit voraus, wurden auch im Marketing neue Maßstäbe gesetzt.

Ich schreibe hier so altklug darüber, als sei ich Evangelist der ersten Stunde. Tatsächlich hatte es mich zur ersten Stunde trotz des Hypes nicht die Bohne interessiert. Oder vielleicht gerade wegen des Hypes. Manchmal hat man schließlich den irrationalen Drang, ausgerechnet gegen den Konsens der eigenen frei gewählten Bezugsgruppe zu rebellieren. Im Alter legt sich das ein bisschen, aber ganz weg geht es wohl nie. Jedenfalls habe ich erst vor Kurzem dank der vielfach gefeierten, gelegentlich kontrovers diskutierten Übernahme der Serie durch Netflix einen ersten Blick auf *Neon Genesis Evangelion* geworfen, aus schriftstellerischer Sorgfaltspflicht. Seitdem gucke ich nichts anderes mehr, aus reinem Privatvergnügen. Die Spätbekehrten sind ja bekanntlich immer die Fanatischsten. Das Einzige, was an *Neon Genesis Evangelion* heute ein kleines bisschen veraltet wirkt, ist das gute alte Röhrenfernseherbildformat. Ansonsten gilt: Meine Serie von 1996 verspeist deine Serie von 2019 zum Frühstück.

Es ist kein Zufall, dass zu jener Zeit auch das Geschäft mit Manga- und Anime-Figuren aus der Nische herausboomte. Gänzlich neu war das Geschäft indes nicht. In den Sechzigern waren Spielzeuge zu Serien und Comics als Beigabe für Süßigkeiten beliebt, später waren Figuren und Modelle zur Serie *Mobile Suit Gundam* populär, wie *Neon Genesis Evangelion* im Mecha-Subgenre angesiedelt, das von Abenteuern mit menschenähnlichen Kriegsmaschinen und ihren waghalsigen Piloten erzählt. Bisweilen lief die Vermarktung auch mal andersrum: Die in aller Welt beliebten *Transformers*, eine Ko-Produktion zwischen der japanischen Firma Takara und Hasbro aus den USA, waren bereits Spielzeuge, bevor man eine verkaufsfördernde Fernsehserie um sie herumstrickte.

Doch die Transformers und ihre Kollegen kamen und gingen und mit ihnen die öffentliche Zuneigung zu Kunststofffiguren. *Neon Genesis Evangelion* ist ebenfalls längst Geschichte, selbst wenn alle Jubeljahre ein neuer Kinofilm herauskommt. Seit dem Siegeszug der Serie allerdings, deren Vermarktung den Tokioter Stadtteil Akihabara als Mekka der kaufkräftigen wie -willigen Fanboys und -girls etablierte, sind Spiel- und Sammelfiguren ein fester Bestandteil der Otaku-Kultur. Mal mit sichtbarer Unterwäsche, mal sichtbar ohne Unterwäsche oder komplett züchtig und kinderzimmertauglich. Für jeden ist etwas dabei.

Nicht totzukriegen: das Tamagotchi

Friedhof der lebenden toten Spielzeugtrends

Als ich in den frühen Zehnerjahren ordnungsgemäß dem Freundinnenkreis meiner damals frisch angetrauten Ehefrau vorgestellt wurde, brachte eine ihrer Freundinnen ihr junges Töchterchen mit, das sich laut Aussage seiner Mutter sehr darauf freute, seine just erworbe-

nen ersten Englischkenntnisse an einem echten Ausländer aus-
probieren zu dürfen (Japaner setzen voraus, dass alle Ausländer
Englisch sprechen, denn Englisch ist die ausländische Sprache). Das
kleine Brüderchen dazu hatte sich ebenfalls sehr gefreut, endlich
einem echten Ausländer zu begegnen, war dann aber kurz vorher so nervös geworden, dass es sich krankmelden musste. Als wir
Gesundgebliebenen dann alle in einem lustigen italienischen Kel-
lerrestaurant saßen (landesüblich mit einem Überaufgebot an Ita-
lien-Dekoration, derweil ohne Italiener), saß das Mädchen merklich
stolz neben mir auf der Bank, sagte jedoch im Verlauf der ganzen
Veranstaltung keinen Piep, in keiner Sprache. Ihre volle Aufmerksamkeit widmete sie ihrem Tamagotchi.

Tamagotchi? Wurde dieses Kind etwa von einer Zeitmaschine
aus den Neunzigern in die Gegenwart geschleudert? Nein, denn
die Japaner halten es mit dem klassischen Gruselschriftsteller H. P.
Lovecraft: »Es ist nicht tot, was ewig liegt, bis dass die Zeit den Tod
besiegt.« So wie der große Zivilisationsuntergangsgott Cthulhu ruht
sich das kleine Tamagotchi zwar manchmal ein bisschen aus. Die
Einrichtung von Tamagotchi-Friedhöfen, wie sie in den Nullerjah-
ren Mode waren, war allerdings verfrüht. Eines Nachts, unter dem
ernsten Licht des Mondes, brach die Erde auf, und ächzend bahnten
sich die Eier ihre Wege zurück an die Oberfläche. (Ich konnte übrigens noch keinen Spielwarenhersteller von meiner Crossover-Idee
eines Cthulhu-Tamagotchis überzeugen. Vielleicht versuch ich's mal
mit Crowdfunding. Oberste Gnadenprämie: Wer am meisten spen-
det, verliert als Erster den Verstand.)

Wir erinnern uns: Der Begriff *Tamagotchi* ist ein Porteman-
teau-Wort aus *tamago* (Ei) und *wotchi* (eine japanische Annäherung an das englische Wort *watch*, Armbanduhr). Es handelte sich
um ein virtuelles Haustier in einer eiförmigen Hülle, um das man
sich per Knopfdruck möglichst liebevoll kümmern musste. Die ersten kamen 1996 in die Welt, als einer der vielen internationalen Me-
ga-Trends, die von japanischen Schulmädchen losgetreten wurden.
Es mag als Vorgänger etlicher Computerspiele gesehen werden, die
ohne zwingendes Spielziel Leben simulierten (quasi ohne Sinn, wie
im richtigen Leben), zum Beispiel *The Sims*, eine Zeit lang das Lieb-

lingscomputerspiel von allen, die eigentlich keine Computerspiele spielen, oder dem putzigen *Creatures*, bei dem man süßen Kreaturen eher beim Spielen zusah, als sie selbst zu spielen. Immerhin konnte man zu ihnen lieb (streicheln vorne) oder gemein (Klapps hinten) sein.

Die Tamagotchis verkauften sich rasend (es gab Engpässe und Schwarzmärkte), bis sie das nicht mehr taten, weil die Mädchen keine Lust mehr hatten. Der Hersteller Bandai blieb schließlich auf 2,5 Millionen unverkauften Tierchen und einem Verlust von knapp 70 Millionen US-Dollar sitzen.

Doch die Tamagotchis kamen zurück. Wieder und wieder. Die japanische Popkultur steht im Ruf, schrill, schnell, bunt und vergänglich zu sein, doch das stimmt nur zum Teil. Japaner sind treue Liebhaber. Nicht unbedingt in menschlichen Beziehungen (da gibt es solche und solche, wie halt überall auf der Welt), aber in Beziehungen zu Dingen und Phänomenen. Die flügge gewordenen Idole der Teenie-Bands verschwinden nach ihrem vorprogrammierten Ausscheiden aus ihren Formationen nicht zwangsläufig von den Bildschirmen, sondern werden Solokünstlerinnen, Schauspielerinnen, Moderatorinnen oder sonst welche Medientalente (wer nichts kann, kann immer noch im Fernsehen Videoeinspieler kommentieren – der Bedarf ist da). Das Klischee, dass jede abgehalfterte Alt-Metal-Band aus Europa und Amerika proklamiert, immer noch *big in Japan* zu sein, kommt nicht von ungefähr. Kaum eine Woche vergeht ohne Gastbesuch von Girlschool, Uriah Heep oder Mott the Hoople. Deutschland ist da übrigens ähnlich treu (oder wo sonst kann man The Hooters noch regelmäßig auf großen Bühnen live sehen?), aber *big in Germany* hat wohl nicht denselben exotischen Wohlklang. Bei Spielzeugen ist es nicht anders. Nun könnte man sagen, dass das Tamagotchi von heute mit seinem ganzen Schwarmintelligenz-Cloud-Pipapo kaum noch etwas mit dem Tamagotchi von gestern zu tun hat. Doch dasselbe gilt freilich für die Besetzung von Uriah Heep.

Inzwischen hat mein eigenes Töchterchen übrigens etliche abgelegte Spielzeuge von dem Mädchen aus dem Restaurant übernommen. Nur das Tamagotchi hat sie noch nicht rüberwachsen lassen.

Große Augen und viele Worte: Dating-Games sind für geduldige Spieler.

A girl is standing there, just as still as me.

Alle spielen Liebesspiele

Die japanische Jugend mag nicht mehr miteinander ausgehen, wird ihr nachgesagt. Video- und Computerspielen hingegen wird, vor allem von Mahnern und Warnern, nachgesagt, dass sie das Verhalten ihrer Nutzer im wahren Leben beeinflussen. Da wollen wir ausnahmsweise mal hoffen, dass die Mahner und Warner recht behalten, denn auf Computern, Spielekonsolen sowie Mobilgeräten sind Dating-Simulationen äußerst beliebt. Bisweilen werden sie aufgemotzt mit Fantasy-, Horror- oder Thriller-Alibi-Handlungen. Im Kern aber geht es stets nur um das eine: das Herz des erwählten virtuellen Partners zu gewinnen und zu behalten. Mal mit, mal ohne Sex. Wie beim richtigen Dating eben. Die erfolgreichsten Titel sind längst multimedial vermarktet mit Manga-, Film-, TV-, CD- sowie Buchablegern. Selbst wenn der westliche Hardcore-Gamer die Nase rümpft (das tun wohlgemerkt immer weniger), ist kaum zu leugnen, dass das Genre mit seinen zwischenmenschlichen Interaktionen, multiplen Handlungsebenen und unterschiedlichen Enden auch die Erzählweise und Spielmechanik anderer, international verbreiteter Genres beeinflusst hat.

Dabei waren die Anfänge äußerst bescheiden. Die Vorgänger heutiger Dating-Simulationen waren eher Erotiksimulationen mit 8-Bit-Grafik, man sprach von *eroge* (erotic games). In *Lolita Syndrome* beispielsweise musste man holde Maiden vor Kreissägeattacken retten, woraufhin man selbst ihnen per Messerwurf die Schulmädchenuniform vom Leib fetzen durfte. Beides deckt sich mit meinen Dating-Erfahrungen nicht.

In Computerspielen ging alles, bei Konsolenspielen ging nur keusches Hofieren. Das lag daran, dass Spielekonsolen und Konsolenspiele im Spielwarenhandel verkauft wurden, wo strenge Regeln herrschten. Nintendo, Sony und Sega kontrollierten nicht nur die Hardware, sondern auch die Software, die andere dafür anfertigten. Andererseits wollte sich kein Eroge-Hersteller das lukrative Konsolengeschäft entgehen lassen. Bei den Versuchen, Sexspiele ohne Sex zu verkaufen, machte man eine erstaunliche Entdeckung: Es funktionierte. Dann stimmte es also, was man (beziehungsweise Mann) stets zu seiner Verteidigung behauptete: dass man das Ganze nur wegen der Storys, der Figuren, der hübschen Musik spiele. Sex? Welcher Sex? War mir gar nicht aufgefallen ...

Vielleicht wird *Playboy* ja tatsächlich nur wegen der Interviews gelesen. Aus den *eroge* jedenfalls wurden über kurz oder lang *nakige*. Klingt nach deutschem Sprachgefühl wie dasselbe, dabei sind Spiele zum Weinen gemeint (weil man emotional so mitgenommen ist, nicht weil sie so schwierig oder langweilig wären). Abgesehen von den Games *(ge)* steckt *naku* (›weinen‹) darin. Außerdem erkannten die Macher, dass es nicht nur Jungs und Männer auf der Welt gibt, sondern auch Frauen und Mädchen. Warum sollte man deren Kaufkraft vernachlässigen? Könnte doch sein, dass nicht nur Männern ab und zu der Sinn nach ein bisschen Romantik steht. Bald gab es Spiele aus weiblicher Perspektive. Nach der musste man bei den Herstellern nicht lange suchen, denn bereits bei den ersten frivolen Spielen für den Herrn war der Frauenanteil unter den verantwortlichen Digitalkünstlern überraschend hoch.

Die Visual Novel *Clannad* wurde für den internationalen Markt ins Englische übertragen.

CLANNAD
-クラナド-

CERO C 15才以上対象

Japanese TEXT English

Manchmal währte die Liebe ewiglich. Das Spiel *Love Plus* von 2009 für die portable Nintendo-DS-Konsole hatte kein Ende vorgesehen. Auch nach dem Abschluss der eigentlichen Handlung konnte man mit seiner Liebsten E-Mails austauschen, Hausaufgaben machen oder sie mit dem Eingabestift an Wangen und Armen streicheln. Man sollte dabei tunlichst ihren Geburtstag nicht vergessen, denn das Spiel lief in Echtzeit. Für manche ging das Erlebnis weit über den kleinen Bildschirm hinaus. Einmal charterte der Hersteller Konami Busse, um Spieler zu den Spielorten von *Love Plus* einzuladen, gemeinsam mit ihren Konsolen. Abends konnten sie sich Zimmer nehmen (Einzelzimmer). Die eine oder andere virtuelle Freundin wurde sogar von einem echten Spieler im echten Leben geheiratet. Dabei allerdings handelte es sich nicht immer um reine Liebes-, sondern oft genug um Marketinghochzeiten.

Computerliebe im (abgebrochenen) Selbstversuch

So weit, so theoretisch. Ich habe den vorangegangenen Abschnitt aus Pflichtgefühl geschrieben, weil das Thema ins Buch gehörte, ganz ohne persönlichen Zugang. Aber manchmal bittet man um einen kleinen Finger und bekommt gleich die ganze Hand. Auf die Anfrage, ob ich ein paar süße Screenshots der Genre-verwandten *Clannad*-Reihe zur Illustration dieses Buches haben dürfe, erhielt ich nicht nur die, sondern auch Zugang zur neuesten Version des Spieles. Also musste ich wohl noch mal ran. Wie gut, dass meine Frau tagsüber nicht im Haus ist.

Zunächst: Die Gamer-Gesellschaft unterscheidet heutzutage zwischen Casual- und Hardcore-Gamern. In dieser Ordnung bekenne ich mich klipp und klar: Ich bin ein Casual-Hardcore-Gamer. Soll heißen: Ich habe leider nicht hardcore-mäßig viel Zeit, in virtuelle Welten einzutauchen, aber wenn ich es tue, dann sollen die was zu bieten haben. Steinchen umdrehen oder Sterne sammeln oder was auch immer man in diesen Casual Games sonst so macht, reicht mir nicht. Ich will mehrere Erzählstränge mit Entscheidungsgewalt, unübersichtliche Inventar-Bildschirme, komplexe moralische Problemstellungen und Extrapunkte für Kopfschüsse von hinten. Ich spiele gerne Spiele, die als schwierig gelten, allerdings stets auf dem leichtesten Schwierigkeitsgrad. Ich schaue herab auf Gamer, die auf höheren Schwierigkeitsgraden spielen (»Nerds, die nichts Besseres zu tun haben!«), wohinter sich in Wirklichkeit blanker Neid verbirgt. Falls jemand mich zu einem LAN-Duell oder ähnlichem herausfordert, lehne ich dankend ab. Spielen ist für mich wie Schreiben: etwas herrlich Einsames. Theoretisch bin ich dafür, dass eSports als olympische Disziplin anerkannt werden. Praktisch reizt es mich jedoch nicht, anderen beim Spielen zuzusehen. Das alles gehört zu meiner Definition von Casual-Hardcore-Gamer.

Außerdem eine Klarstellung zum Spiel: *Clannad* wird als Visual Novel angepriesen. Die Hardcore-Fraktion merkt da gerne an, dass das nicht zwingend dasselbe ist wie eine Dating-Simulation. Ich möchte diese Unterscheidung an dieser Stelle allerdings *casual* sehen. (Darüber hinaus erinnert mich der Begriff Visual Novel ungut an den Begriff Graphic Novel, der mir auch nicht leicht über die Lippen kommt. Wer Comics nur liest, wenn sie Graphic Novel heißen, ist kein Freund von mir. Ebenso ist ein Computerspiel eben ein Computerspiel.)

Clannad beginnt sehr *casual*, und so richtig *hardcore* wurde es auch nicht mehr in der Zeit, die ich durchgehalten habe. Das war zugegebenermaßen nicht lange (fühlte sich allerdings lange an). Die Geschichte um den muffeligen Schüler Tomoya und seinen Schulalltag inklusive Damenbekanntschaften ist in Tage gegliedert. Zwei von diesen Tagen habe ich durchgespielt (da höre ich schon die Fans rufen: »Aber ... aber ... das wird erst ab Tag 24 so richtig gut!«). In dieser Zeit habe ich Tomoyas besten Freund kennengelernt, der mir ganz schnell gehörig auf die Nerven ging, und vier Mädchen: eine seltsame Schulschwänzerin, die Klassenstreberin, die Aufseherin des Schülerwohnheims, und die vierte habe ich vergessen. Verabredungen haben sich zunächst mit keiner angebahnt.

Im Wesentlichen ist *Clannad* ein illustriertes Text-Adventure. Der Begriff Visual Novel ist also ganz falsch nicht, muss ich mit knirschenden Zähnen eingestehen. Zumal sich die Hauptaktivität des Spielers auf das Lesen beschränkt. Am ersten Tag bekam ich exakt einmal die Möglichkeit, selbst eine Entscheidung zu treffen, und zwar erst kurz vor dem Schlafengehen des Protagonisten. Ich hatte ernsthaft schon befürchtet, das Spiel sei kaputt oder liefe in einem nicht-interaktiven Demonstrationsmodus. Am zweiten Tag ließ man mich immerhin siebenmal selbst was machen. Die Interaktivität beschränkte sich derweil stets darauf, dass ich mich in ge-

KAWAII–SUPERHIT: *GACHA GACHA*

Mitunter auch *gachapon* genannt, beides ist lautmalerisch. *Gacha gacha* macht es, wenn die runden Kapseln im Automaten verheißungsvoll wackeln, ein »Pon!« ertönt, wenn sie ins Entnahmefach purzeln. Das Prinzip wurde aus den USA importiert, ist aber heute so japanisch, dass Läden, denen gar nichts mehr einfällt, die Kugeln Touristen als Reisesouvenirs empfehlen. Einsame Gachapon-Automaten wird man selten sehen, meistens kommen sie in endlosen Stapelreihen und bieten alles von billigem Plastiktand über liebevoll gestaltete Sammlerminiaturen bis zu Haustierkleidung und elektronischen Geräten. Ich selbst bekam mal eine Leselampe, was mich als Leselampensammler sehr gefreut hat. Es ist nicht meine beste, aber auch nicht meine schlechteste.
Gachas sind wie Überraschungseier, nur ohne die unzumutbare Schrottschokolade. Und rund anstatt eiförmig. Und gelegentlich mit brauchbarem Inhalt. Gut, nach eingehenderer Betrachtung haben Gachas doch nicht viel mit Überraschungseiern gemein.

wissen Situationen zwischen Tun und Nichttun entscheiden musste. Da Spielespielen für mich eher Tun als Nichttun ist, habe ich mich jedes Mal fürs Tun entschlossen. Hätte ich das nicht getan, wäre das Spiel womöglich noch langweiliger gewesen. Aber auch schneller vorbei. Hat also alles seine Vor- und Nachteile.

Alle Figuren sind ausgestattet mit Anime-üblichen Synchronsprechern zwischen quietschend (Mädchen) und polternd (Lehrer). Nur Tomoya nicht. Der hat gar keine Stimme; vermutlich damit man sich besser in ihn hineinversetzen und die eigene innere Stimme auf ihn projizieren kann. Dass man die meiste Zeit der Story (soweit ich das beurteilen kann) im Kopf des Protagonisten verbringt, hat leider für mich als gewohnheitsmäßigen Computerspielemusikabschalter zur Folge, dass weite Strecken des Spiels in völliger Stille verlaufen. Störend auch, dass sich wichtige Ereignisse meist außerhalb des Bildausschnitts abspielen; man erfährt von ihnen also nur aus Erzählungen der kaum animierten Figuren sowie dem ewigen Textbombardement. Als dann zwischen Tag 2 und 3 noch eine längere Traumsequenz eingebaut war, in der es nichts zu sehen gab außer einer Tischkante und einem Fensterrahmen im Halbdunkel, beschloss ich, dass nicht jedes Spiel für jeden sein muss. Es liegt bestimmt nicht an Clannad, es liegt an mir. Zu subtil für mich, vielleicht zu gut, nicht böse gemeint.

Zugegeben: Die (immer, immer, immer gleichen sowie meistens menschenleeren) Umgebungsbilder sind hübsch gemalt, sie fangen gut die Stimmungen japanischer Schulen und Wohngegenden ein. Das erlebt der japanische Spieler als wie aus dem Leben gegriffen, während der nicht-japanische Otaku eine authentische Portion Fernweh bekommt. Der Originalton und die englischen Untertitel helfen ebenso beim Sprachstudium wie das Glossar mit Spezialausdrücken, das sich während des Spiels auffüllt. Clannad ist für manchen bestimmt eine feine Sache. Nur nicht für mich. Ich möchte meine Schulzeit nicht noch mal durchleben und die von Tomoya auch nicht. Ich finde es dennoch rührend, dass es Menschen gibt, die das möchten, und dass es offenbar ständig mehr werden. Für mich trotzdem nächstes Mal bitte wieder was mit Schalldämpfer und Kopfschuss.

KAWAII INSIDERWISSEN: BE@RBRICK

Be@rbricks sehen aus, als hätte ein verrückter Wissenschaftler oder ein völlig gesundes, hochmotiviertes Kleinkind einen Micky-Maus-Kopf auf eine Lego-Figur gesteckt (eine Lego-Figur mit einem Bierbauch). So einfach können die kleinen Freuden sein. Der Be@rbrick der Firma MediCom Toy an sich ist ein Blanko-Prototyp aus neun Teilen, von seinen Freunden liebevoll Tools genannt, auf den sich so ziemlich jede Begehrlichkeit beziehungsweise jede Vermarktungslizenz projizieren lässt. So gibt es die mäuseähnlichen Bärenziegel als TV-Superhelden, Kino-Serienkiller, Popstars oder als von namhaften Künstlern gestaltete Sondereditionen. Die erste Charge kam im Mai 2001 als Gratisbeigabe zur World Character Convention in Tokio raus, seitdem gibt es etliche Inkarnationen in etlichen Größen und aus etlichen Materialien, inklusive Holz und Filz. Sie werden häufig nach dem Überraschungsprinzip verkauft: Man weiß nicht, was man bekommt. Da verwundert es kaum, dass es Be@rbricks auch in der Gacha-Kapsel (s. o.) gibt.

KAPITEL 8

KAWAIIfood
Süß ohne sauer

LASSEN WIR DEN ÄLTEREN Generationen ihre *Sieben Samurai*, ihre *Reise nach Tokio*, ihre kunstgewerblichen Ghibli-Filme. Wir wissen, dass der wahre Klassiker des japanischen Kinos *Kamikaze Girls* heißt (im Original weniger fatalistisch *Shimotsuma Monogatari* – eine Geschichte aus Shimotsuma), Tetsuya Nakashimas Popromanverfilmung von 2004 über die Freundschaft einer liebenswert blasierten Lolita-Göre und einer ordinären Moped-Rockerin. Neben vielen anderen Qualitäten ist der Film ein Lehrstück über Kawaii-Kultur. Lolita Momoko, Hauptfigur wie Off-Erzählerin des Films, äußert sich in einem inneren Monolog herablassend über Mädchen, die »*beides* probiert haben«: süß und sauer. Sie möchte sich stets nur mit süßen Dingen umgeben, denn sie weiß: »Saure Dinge sind eklig.«

Da hat sie Glück, denn in Japan finden sich süße Speisen leicht. Nicht nur im geschmacklichen Sinne.

Slider Sandwiches: die kleinsten Brötchen der Stadt

Sind so kleine Stullen

Japaner machen vieles richtig, aber Brot gehört nicht dazu. Dennoch ist es stets die Hoffnung, die zuletzt stirbt. Insbesondere mein Wohnviertel Meguro scheint ein Brennpunkt für neue, letztendlich enttäuschende Brotflausen zu sein. Im letzten Jahr eröffnete ein

Sandwich-Lokal namens Wawich. Ich interpretierte hinein, dass mit Wa- im mit lateinischen Buchstaben geschriebenen Namen das japanische *wa* (和) gemeint war, was sowohl für ›Frieden‹ wie für ›Japan‹ stehen kann; einfach für alles, was an Japan gut ist oder was Japan an sich selbst gut findet. Diese Vermutung kam nicht von ungefähr, denn ein Mitglied des Personals, das tagtäglich mit fast verzweifelter Emsigkeit vor dem Laden stand und versuchte, Laufkundschaft anzuwerben, hatte mir erklärt, dass es sich beim Wawich um einen japanischen Sandwich handelte: »Man muss ihn mit Messer und Gabel essen.« (In der Formel ›Messer + Gabel = Japanisch‹ steckt natürlich bereits ein Eins-a-Fehler. Meine gute Kinderstube verbot mir allerdings, darauf hinzuweisen.) Also naheliegend, dass mit Wa- das Japan-Wa gemeint ist, und der Laden quasi J-Stulle heißt. Das war jedoch eine Überinterpretation meinerseits, wie sich herausstellte: Das Wa- sollte lediglich im Zusammenspiel mit dem -wich eine Wow-Assoziation auslösen. Wenn man mich fragt, hätte man den Laden dann lieber Wowich nennen sollen. Mich hat aber keiner gefragt.

Der Wow-Effekt wollte nicht recht übergreifen, meistens war mehr Personal vor dem Laden als Kundschaft darin. Die jungen Nachbarschaftsmütter, zu denen ich als junge Mutter ehrenhalber einen guten Draht habe, munkelten: »Das Essen dort ist einfach nicht *instagrammable*.«

Ich ließ mich davon auf Dauer nicht abschrecken und stattete Wawich eines Tages einen Besuch ab. Es stimmte: Fotogen war das Gebotene nicht. Im Wesentlichen handelte es sich um einen Klotz Weißbrot mit Füllung, in meinem Fall Curry. Das Curry war gut, auf das typische wa-wa-weiche Brot hätte ich verzichten können. Ob sich der Wawich auf lange Zeit durchsetzen wird, ist schwer zu sagen. Essen, das sozialmedial nicht viel hermacht, hat es schwer. Zu allem Überfluss hatte in unmittelbarer Nähe kurz darauf ein weiteres Brotspezialitätengeschäft eröffnet, das zumindest dem Kawaii-Zwang der japanischen Alltagsgastronomie besser Tribut zollte.

Wieder war ich voller Hoffnung, ganz aufgeregt, konnte kaum schlafen. Als ich dem Laden einen ersten Besuch abstattete, dachte ich zunächst, das gesamte Angebot wäre bereits ausverkauft. Erst

Karten fürs AKB-Theater sind heiß umkämpft. Ins Café kommt jeder.

auf den zweiten Blick sah ich, dass das, was hier verkauft wurde, nur auf den zweiten Blick zu sehen war. Es handelte sich um sogenannte Slider-Sandwiches. Die sind zwar eine Entwicklung aus den USA, doch ich prophezeie, dass sie ihren wahren Siegeszug in Japan antreten werden. Schließlich sind die runden Dinger wirklich süß anzusehen mit ihren fünf Zentimetern Durchmesser. Ich war trotzdem ein bisschen ungehalten, schließlich war Mittagszeit, und ich hatte Hunger. Ich ging lieber Pizza essen (normale Größe).

Nachdem ich meiner Frau davon erzählt hatte, sagte die: »Vielleicht ist die Größe dafür gedacht, dass man auf einmal mehrere Varianten probieren kann.«

»Und wenn man dann seine Lieblingsvariante gefunden hat? Dann kann man die immer noch nicht in Groß kaufen, weil es dort gar nichts in Groß gibt.«

»Dann kannst du das nächste Mal drei davon kaufen.«

»Für den westeuropäischen Herrenappetit eher vier oder fünf. Sonderlich gut durchdacht ist dieses Konzept nicht.«

So sind sie eben, die Sandwich-Läden in unserer Nachbarschaft: nicht sonderlich gut durchdacht und nur bedingt *instagrammable*. Das ist an anderen Orten anders. Zum Beispiel in Akihabara.

Trostplatz für Fans

Einen Platz im AKB48-Theater konnte ich mir bisher nicht sichern. Aber einen Platz im AKB48-Café bekommt jeder. Es findet das Geschäft auch jeder, schmiegt es sich doch direkt an den Bahnhof Akihabara. Die Inneneinrichtung erinnert an eine Mischung aus American Diner und japanischem Klassenzimmer. Von allen Plätzen hat man einen hervorragenden Blick auf große Monitore, auf denen man sehen kann, was man im Theater verpasst. Die Speisen, die hier gereicht werden (überwiegend Süßspeisen), sind angeblich die Leibgerichte der Bandmitglieder. Eines von ihnen isst offenbar gerne Eiscreme mit Cornflakes; das ist im Wesentlichen das, was ich bei meinem Recherchebesuch vorgesetzt bekam.

Das Gefühl, mit einem Besuch dieses Cafés nur den Trostpreis bekommen zu haben, teilt man vielleicht sogar mit dem Personal. Es wird gemunkelt, dass hier die jungen Damen sich verdingen, die es nicht ganz in die Band geschafft haben. Oder die, bei denen die Entscheidung noch aussteht. Ich möchte nicht von meinem Besuch auf jeden Besuch schließen, doch die Stimmung beim Personal schien mir etwas gedrückter, als ich es an diesem Ort erwartet hatte.

Käffchen mit Figürchen

Man mag AKB48 als Band für recht künstlich halten. Trotzdem kann man den Bandmitgliedern kaum absprechen, dass es sie wirklich gibt. Das allerdings ist keine Grundvoraussetzung, um ein Motto-Café oder -Restaurant zu eröffnen. In Tokio und anderswo gibt es jede Menge Gastronomiebetriebe, die von fiktiven Figuren inspiriert

Cute in Japan: die finnischen Mumins

wurden. Solange sie niedlich sind, müssen sie noch nicht mal japanisch sein. Die finnischen Mumins beispielsweise sind in Japan so beliebt, dass es in der Hauptstadt nicht nur ein Café gibt, das ihnen thematisch gewidmet ist, sondern gleich zwei davon. Moomin Bakery & Café hat sich Back- und Süßwaren verschworen; lebensgroße Mumin-Nachbildungen sitzen mit am Tisch. Nicht zu verwechseln mit dem Moomin House Café im Einkaufszentrum rund um den Fernseh- und Aussichtsturm Tokyo Skytree. Dort gibt es auch Bier. Das kann ein Vorteil sein.

Manche fiktiven Vorlagen biedern sich direkt an, gastronomisch adaptiert zu werden. Das Shirokuma Café im Tokioter Studentenviertel Takadanobaba (übrigens der fiktive Geburtsort von Astro Boy und die reale Wirkungsstätte seines Schöpfers Osamu Tezuka) basiert auf einer Manga-Serie gleichen Namens, in der verschiedene Tiere und Menschen in eben jenem Kaffeehaus herumhängen. Ein *shirokuma* ist ein Eisbär; einem solchen gehört das fiktive Lokal im Comic. Das echte Café gehört Menschen, aber man kann den Bären und andere Figuren auf allerlei Speisen und Andenken verewigt finden. Auf den Speisen natürlich nicht ganz so ewiglich verewigt.

Willkommen im Eisbären-Café

Vielleicht eines der wenigen instagrammablen Themenrestaurants, die man öfter als einmal besucht. Mein Grizzly-Schnitzel-Sandwich jedenfalls war wirklich gut.

Ein No-Brainer, wie man früher sagte und wie die Gestrigen noch heute sagen, ist das Kawaii Monster Café. Vielleicht ein bisschen zu offensichtlich auf Kawaii-Tourismus getrimmt, aber wenn es um *kawaii* geht, kann man eigentlich nicht glaubwürdig auf edle antikapitalistische Indie-Ideale pochen. Kawaii ist eben (auch) Kommerz. Tagsüber gibt's im Café in Harajuku (wo sonst?) fünffarbige Spaghetti und Sandwiches mit Augen obendrauf, dazu Tanzdarbietung mit Mitmachoption. Abends ist Nachtclub-Revue-Atmosphäre mit

Im Kawaii Monster Café
trinkt das Auge mit.

Leder und Latex angesagt. Ersonnen hat das Ganze der Inhaber des Kawaii-Kaufhauses 6%DokiDoki, Sebastian Masuda, womöglich der König von Harajuku.

Wer einmal im Kawaii Monster Café gewesen ist, bekommt gleich eine Mitgliedskarte zugesteckt, die zukünftig vom Eintrittsgeld befreit. Dabei ist das Café so etwas wie der Berg Fuji. Ihn soll jeder Japaner einmal im Leben besteigen, aber öfter wäre zu viel. Das Kawaii Monster Café sollte jeder Tourist einmal im Leben besuchen, sonst verpasst man was. Besucht man es allerdings mehr als einmal, verpasst man garantiert woanders was.

Peko-chan hat dich zum Fressen gern

Selbstverständlich ist Japans Esskultur mit Japans Maskottchenkultur eng verbunden. Ein Lebensmittel, das etwas auf sich hält, hat eine Figur, die dafür wirbt. Bereits im 19. Jahrhundert machte der Kobold Tofu Kozo Lust auf Bohnenquark und Süßigkeiten. Seit rund 70 Jahren gehört das lippenleckende Mädchen Peko-chan zu den unverwüstlichsten Snack-Werbern des Landes. Kreiert von der Firma Fujiya, ist sie vor allem das Gesicht des Bonbons Milky, dessen Geschmack an Muttermilch erinnern soll. Wahrscheinlich war es der Slogan »Milky schmeckt nach Mama«, der zu Peko-chans Herkunft eine wilde Theorie über die wirkliche Inspiration hinter der Figur in die Welt, also vor allem ins Internet, gebracht hat. Zu glauben ist an der Theorie rein gar nichts, aber die Geschichte ist zu gut, um sie hier zu unterschlagen. Sie geht so: Peko-chan sei inspiriert von einem Mädchen, das mit seiner Mutter im Zweiten Weltkrieg in ihrem Heimatdorf nicht genug zu essen fand. Flugs hackte sich Mama

KAWAII-SUPERHIT: *KAWAII BENTO*

Man muss nicht ausgehen, um niedlich zu essen. Leider. Wer für Schul- und Vorschulkinder selbst den Proviant bereitstellt, steht im täglichen Wettkampf mit den Eltern anderer Kinder: Wer malt die süßesten Gesichter mit Ketchup? Wer formt das abgefahrenste Rettich-Tier? Wer erzählt die beste Geschichte mit Reis und Spinat? Wer kaschiert Brokkoli so, dass sich das Kind mit Wonne draufstürzt? *Bento* nennen sich die japanischen Proviantkästchen, und *bento* muss *kawaii* sein. Für Kinder unbedingt, aber auch Erwachsene freuen sich über ein freundliches Gesicht auf ihrem Essen (bisweilen sogar Vegetarier). Selbstverständlich muss auch die Umverpackung niedlich sein, aber die kann man kaufen. Da braucht man also nur ab und zu guten Geschmack, nicht täglich Finesse und Kreativität wie für den Inhalt. (Meine Frau und ich haben irgendwann die nervliche Belastung an jedem Vorschulmorgen nicht mehr ausgehalten und zahlen nun lieber extra, damit unsere Tochter ihr Essen direkt vor Ort bekommt, kreiert von fachkundigem Personal.)

einen Arm ab und gab ihm dem Mädchen zu essen. Es war das Beste, was Peko-chan jemals gekostet hatte. Die Mutter beschloss, ihr Leben für das der Tochter zu geben. Ihre letzten Worte waren: *»Kill me!«* Warum eine japanische Dorfbewohnerin in den Vierzigern mit ihrer Tochter Englisch spricht, erklärt die Legende nicht. Später wurde *»Kill me«* jedenfalls phonetisch neu arrangiert zu »Milky«. Peko-chan leckte sich das Blut ihrer Mutter von der Wange, und dieser Moment wurde bei ihrer Ikonisierung als süßes Bonbon-Maskottchen für alle Ewigkeit festgehalten. Denken Sie daran, wenn Sie das nächste Mal an einem Fujiya-Restaurant vorbeikommen und die große, einladende Peko-chan-Plastikfigur am Eingang sehen. Die Firma war übrigens 2007 in einen Skandal um veraltete Zutaten in ihren Produkten verwickelt. Wer weiß, welche Skandale sich bei den Zutaten noch aufdecken lassen.

Moment, die Geschichte geht noch weiter! Wegen des großen Erfolges von Peko-chan kreierte Fujiya eine männliche Variante, den Jungen Poko-chan, angeblich Peko-chans Freund. Internet-Theoretikern zufolge trägt er einen blauen Hut, weil Peko-chan sein Gehirn gefressen hat, und keine Zunge zwischen den Lippen, weil er sich die bei einem Selbstmordversuch abgebissen hat.

Es gibt inzwischen übrigens sogar Peko-chan-Räucherstäben. Ideal zum Gedenken an die, die aus welchen Gründen auch immer nicht mehr bei uns sein können.

Nach dieser Geschichte hatte ich keinen Appetit mehr und ging endlich in meiner Straße so einen Slider essen. Er schmeckte gut, und das Lokal war angenehm erfüllt von Reggae-Musik und Reggae-Stimmung. Ich könnte mir vorstellen, noch einmal hinzugehen, wenn ich wieder keinen Hunger habe.

Im Gedenken an die Verspeisten?
Milky-Räucherstäbchen

KAWAIIINSIDERWISSEN: MAISON ABLE CAFÉ RON RON

Endlich mal ein Café ohne Charakter! So stimmt's natürlich auch nicht. Aber im Maison Able Café Ron Ron in Harajuku (selbstverständlich) stehen ausnahmsweise nicht fiktive Figuren oder prominente Namenspatronen im Vordergrund, sondern der Kuchen. Jede Menge davon. In sehr kleinen Portionen. Inspiriert von Sushi-Rotationsrestaurants fahren die Kreatiönchen auf einem Fließband durchs Lokal, und man isst so viel, wie man mag. Flatrate-Völlerei der niedlichsten Sorte. ›Ron ron‹ kommt übrigens aus dem Französischen und meint das Schnurren einer Katze. Das Café ist um frankophilen Flair bemüht, es gibt allerdings sehr japanische Kreationen, zum Beispiel Variationen der süßen Dango-Kugeln (nur halb so groß wie gewohnt) oder des gummiartigen Reiskuchens Mochi, der zu Neujahr, seiner Hauptsaison, immer wieder Todesopfer fordert, wenn er im Halse stecken bleibt (aus dem Maison Able sind keine Fälle bekannt). Wie in vielen Lokalen üblich, bezahlt man vorab an einem Ticketautomaten. Bedienungshinweise hierzu sowie die weiteren Regeln des Café-Besuchs sind auch in englischer Fassung erhältlich.

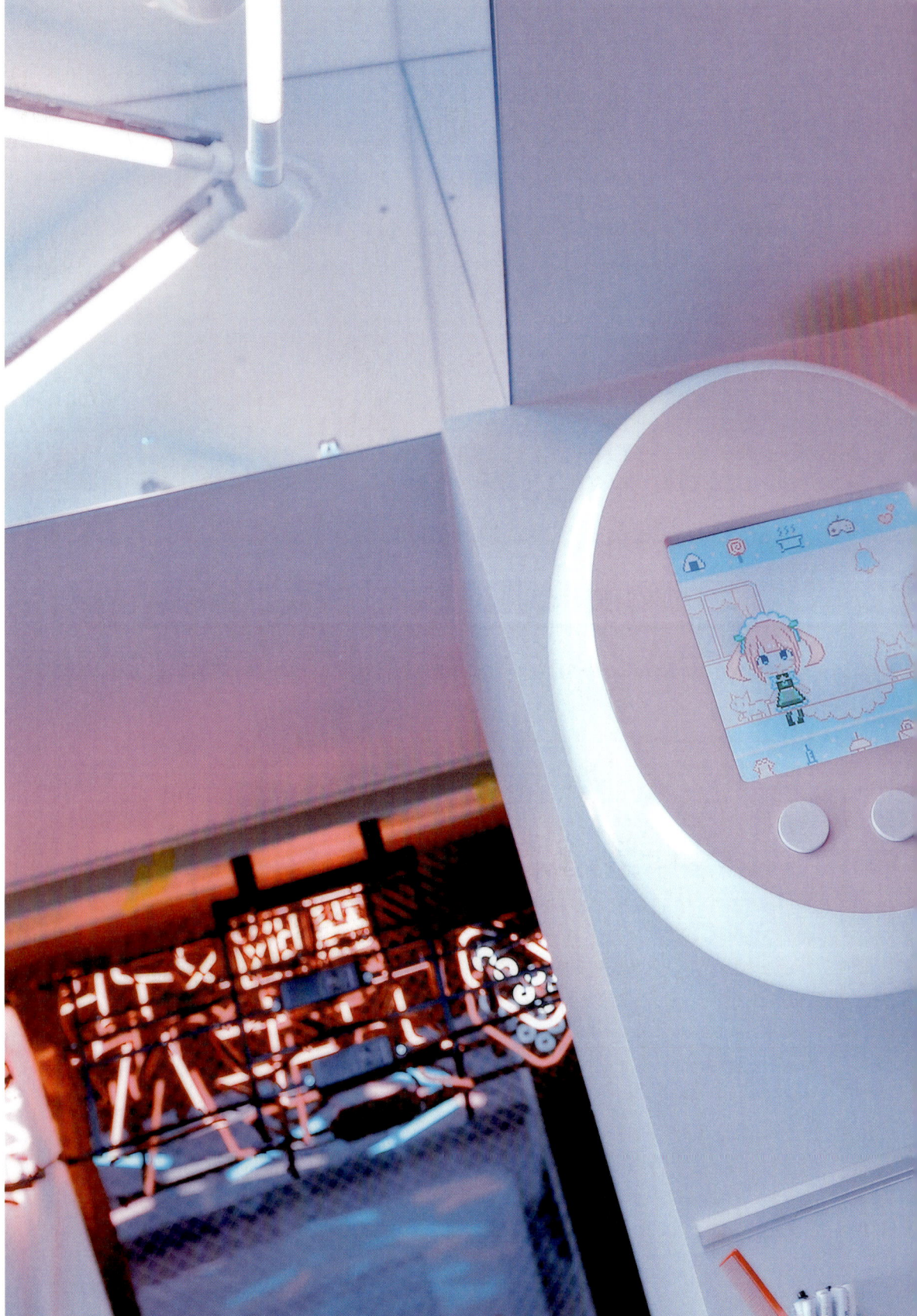

KAPITEL 9

KAWAIImetropolis
Hotspots der Niedlichkeit

EIN BESUCH IN DEN ZENTREN von Japans Niedlichkeitskultur. Natürlich ist es eine ganz schreckliche Angewohnheit, Japan zu sagen, wenn man Tokio meint. Außerhalb Tokios reagiert man darauf oft allergisch. Aber was soll's: Wir sind nun mal in Tokio, und die nicht. Wobei sich das in absehbarer Zeit ändern könnte. Japans Bevölkerungszahl schrumpft, die der Hauptstadt wächst. Bald sind wir eh alle Tokio. Und dann gehen wir alle zusammen erst einmal ins Maid Café.

Akiba ist nicht nur AKB

Maid Cafés, in denen Kunden von verkleideten Bedienungen mit »Meister« angesprochen und entsprechend zuvorkommend behandelt werden, gibt es nicht nur in Akihabara. Doch hier ballen sie sich, und hier ist das Phänomen entstanden, zunächst 1998 als einmalige Werbeinstallation für das Videospiel *Welcome to Pia Carrot*. Die Visual Novel spielt in einem Lokal, das die heutige Maid-Café-Realität als Fiktion vorwegnimmt. 2001 etablierte der Cosplay-Hersteller Cospa das Cure Maid Café, die erste permanente Einrichtung. Eine sprunghafte Vermehrung setzte ein. Die Cafés unterschieden sich von anderen dadurch, dass ihre Speisen noch süßer, kindlicher und teurer waren, was vor allem am erweiterten Service lag: der Bedienung durch eine junge Frau (offiziell immer 17, in Wirklichkeit ist 18 das Mindestalter für eine Einstellung), die am Tisch das Essen verziert, während sie freundlich über Gott und die Welt zwitschert. Wer draufbezahlte, durfte außerdem noch harm-

Fotos kosten extra: gut
bedient im Maid Café.

lose Kinderspielchen wie Schnickschnackschnuck mit der Kellnerin seiner Wahl spielen oder sie zu einem Sofortbildschnappschuss einladen (unbezahlte Aufnahmen sind in Maid Cafés in der Regel verboten; genauso wie Körperkontakt und anzügliche Konversation). Ihren größten Boom erlebten die Einrichtungen Mitte der Nullerjahre, als eine populäre Fernsehserie ein Maid Café zur wiederkehrenden Kulisse gemacht hatte. In vier Jahren verzehnfachte sich die Anzahl der Lokale in Akihabara von vier auf vierzig. Aktuelle Zahlen liegen mir nicht vor, und vor Ort nachzählen wollte ich nicht, doch es sind gefühlt nicht weniger geworden. In Japan insgesamt soll es rund 200 geben.

Heute flöten einen die Maids mit ihren Flugblättern bereits auf der Straße an, wenn man den Bahnhof auf der Westseite verlässt, in Richtung Electric Town. Den Kosenamen hat dieser Teil von Akihabara aus seiner Schwarzmarktvergangenheit unmittelbar nach dem Zweiten Weltkrieg, als hier Technikstudenten selbst gemachte Radios verkauften. Erste Anlaufstelle für Hardwareeinkäufe ist Akiba, wie der Ortskundige sagt, geblieben. Wegen der großen Schnittmenge von Computer-Tüftlern und Fans von Comics und Zeichentrick ist das Viertel außerdem ein Mekka für Anhänger japanischer Popkultur geworden. Sie treffen sich zum Beispiel im futuristischen Ambiente des Gundam Café am Bahnhof, wo sie Burger und Getränke zu sich nehmen, die von der Anime-Serie *Mobile Suit Gundam* inspiriert sind. Sogar das Klo sieht aus, als könne es jederzeit in den Weltraum abheben.

Traditionell wird in Akiba eher der Fanboy bedient, Fangirls zieht

Ausstellungsstücke
im Animate Akihabara

es bevorzugt nach Ikebukuro (dort gibt es auch ein Butler Café als Gegenentwurf zum Maid Café). Das ändert sich allmählich, seit die Ladenkette Animate hier eine achtstöckige Filiale aufgemacht hat, die vor allem Mangas, Anime und entsprechendes Merchandising sowie Ausstellungen für Frauen und Mädchen feilbietet. Nicht, dass das ungeübte Auge diese Ausrichtung

Akiba Zettai Ryoiki A.D. 1912: die niedlichsten Steampunks der Stadt

sofort erkennen würde: Offenbar hat das weibliche Publikum seine Heldinnen ebenfalls am liebsten mit großen Brüsten und kurzen Röcken.

Voll lizenzierte Roboterkatzen aus dem Weltraum

Wenn man auf engstem Raum um Kunden buhlt, muss man sich bald etwas anderes ausdenken, als nur Kaffee auszuschenken und Schnickschnackschnuck zu spielen. So kamen zum Beispiel auch Maid-Frisöre und Maid-Massagen nach Akihabara. Orthodoxe Maid-Liebhaber fragten sich daraufhin, was denn eine propere Maid ausmachte. Außerdem hat inzwischen sogar die halbstaatliche Cool-Japan-Initiative Maid Cafés für sich entdeckt. Da man sicherstellen wollte, dass man die Touristen nicht schnurstracks in den nächsten Fetisch-Puff schickte, wurde ein Maid-Standard-Examen aufgesetzt, das sogenannte *maid kentei*, das Berufsanwärterinnen in fünf Kategorien testet. Unter anderem wird abgefragt, wie man sich zu verhalten habe, wenn ein Kunde sich am Kaffee die Zunge verbrennt. Richtige Antwort: erst mal sicherstellen, dass es dem Kunden gut geht; sich entschuldigen; beruhigend auf den Gast einreden, bis der Kaffee abgekühlt ist.

Die Maid-Kultur hat in Akihabara begonnen, und Akihabara bleibt tonangebend in ihrer Weiterentwicklung. Mittlerweile gibt es Etablissements für sehr spezielle Geschmäcker. Eines spezialisiert sich zum Beispiel auf mollige Maiden, ein anderes auf bewaffnete:

Ungezogenen Gästen wird (sehr höflich) mit Folter oder Hinrichtung gedroht.

Die Kette Akiba Zettai Ryoiki ist bei der Identifizierung und Befriedigung spezieller Bedürfnisse ganz vorne mit dabei. Der Name ist durchaus ein bisschen schlüpfrig; *zettai ryoiki* beschreibt das nackte Stückchen Bein zwischen Strumpfende und Rocksaum. Aber ›ein bisschen schlüpfrig‹ sollte man auch ohne finstere Absichten von einem Maid Café erwarten dürfen. Dieses spezifische bisschen Haut bekommt man in so gut wie jedem Etablissement der Gattung zu sehen. Was die Lokale der Kette hingegen besonders macht, sind ihre Themen. Das bekannteste ist das Akiba Zettai Ryoiki A.D. 2045, eingerichtet wie ein Cyberpunk-Traum aus Neonröhren, Stahlrohren, Glasflächen, Video- und Hologrammprojektionen. Also so, wie man sich in den Achtzigern und Neunzigern die Zukunft vorstellte (was ja ohnehin viel schöner war als die schnörkellose Apple-Trostlosigkeit, die stattdessen gekommen ist). Die Bedienungen sind keine jungen Frauen, sondern Roboterkatzen. Sie sehen zwar nicht aus wie Roboterkatzen. Sie sehen aus wie junge Frauen in Maid-Uniformen. Aber sie behaupten, sie wären Roboterkatzen. Muss man vielleicht länger drüber nachdenken oder vielleicht gerade nicht. Zu den anderen Cafés des Unternehmens gehört eines, das sich im Tamagotchi- und Gameboy-Design der Gaming-Kultur verschrieben hat, und das Akiba Zettai Ryoiki A.D. 1912, in dem, man ahnt es, auf Steampunk statt Cyberpunk gemacht wird.

An der Purikura-Kabine:
Warten auf Foto

Shibuyas erste Adresse

Nicht weit von Harajuku liegt Shibuya, und das sieht man. Wer in Harajuku nichts zum Anziehen gefunden hat, kann es hier versuchen. Und danach gleich ein oder mehrere Fotos davon knipsen, denn Shibuya ist wie Harajuku ein Mekka der Purikura-Kabinen, also jener Automaten, mit denen die japanischen Schulmädchen am liebsten ihre Spaßfotos schießen. Man ist versucht zu sagen, dass schrille Jugendmode in Harajuku gekauft und in Shibuya getragen wird, denn hier hat es die entsprechende Dichte von Clubs und Bars.

Shibuya 109: Das Kaufhaus begründete Shibuyas Ruf als Jugendviertel.

Doch das wäre etwas zu kurz gedacht, denn auch Shibuya hat seine Modegeschäfte. Allen voran das Kaufhaus Shibuya 109. Der charakteristische runde Turm findet sich unweit der legendären Kreuzung vor dem Bahnhof des Viertels, der vollsten Fußgängerkreuzung der Welt. Von außen wirkt das Gebäude so friedlich, innen ist audiovisuelle Reizüberflutung angesagt. Zu bunter Mode scheint zwingend laute Musik zu gehören, aus jedem Shop-im-Shop eine andere. Wie die jungen Dinger sich dabei noch über ihre Telefone oder im Direktkontakt unterhalten können, gibt Rätsel auf. Aber die können das. Weil sie toll sind.

Einheimische sprechen den Namen *ichi maru kyuu* aus: eins, null, neun (eigentlich: eins, Kreis, neun). Er kommt nicht etwa von der Adresse des Gebäudes (Häuser haben in Japan zwar entgegen anders lautenden Gerüchten durchaus Hausnummern, die stehen aber nicht dran und interessieren allenfalls Postboten), sondern vom Unternehmen, das dahintersteckt. Das heißt Tokyu, was ein bisschen wie *tou-kyuu* klingt, was wiederum zehn-neun heißen kann. Nicht weit vom Modekaufhaus kann man die Mode übrigens gleich wieder ausziehen: Neben Kaufgeschäften, Clubs, Bars und Fotokabinen ist Shibuya für seine hohe Dichte an Love Hotels bekannt.

Der wilde Mix, der im 109 feilgeboten wird, ist symptomatisch für den Stadtteil, und selbstverständlich gibt es dafür einen Namen: Shibuya-kei. Nur leider weiß keiner so ganz genau, was damit gemeint ist. Auf jeden Fall meint es sowohl eine gewisse Ästhetik wie auch einen gewissen Sound. Als Musikgenre orientiert sich der klassische Shibuya-kei am amerikanischen Easy-Listening-Jazz. Seine international bekanntesten Vertreter waren Pizzicato Five. Unter Neo-Shibuya-kei verstand man später einen eher elektronischen Sound, der auf seine Art nicht weniger rückwärtsgewandt war. Doch damit ist es jetzt sowieso vorbei. Zumindest wenn man Momus glaubt, einem britischen Musiker, der mitunter zu den internationalen Vertretern des Genres gezählt wird. Für ihn ist die Musik und Shibuya selbst »tot«. Er gab der Tageszeitung *The Japan Times* zu Protokoll: »Heute ist Shibuya nur noch ein aufgeblasenes Einkaufszentrum.«

Da kann es sich gleich zum natürlich ebenfalls mausetoten Harajuku legen. Und vielleicht kommt Akihabara auch bald mit ins Grab.

* * *

Mein alter Zen-Meister sagte immer: »Wohin du auch gehst, Tokyu Hands wird schon dort sein.« Damit hatte er nicht ganz unrecht (auch nicht ganz recht, es ist eben immer ein ziemlich Yin und Yang mit diesen Zen-Sprüchen), die Kaufhauskette ist wirklich recht weit verbreitet. Ihr Hauptgeschäft ist in Shibuya, ihr angenehmstes in Shinjuku. Für Kawaii-Käufe eignen sich vor allem die sogenannten Variety-Stockwerke mit Spielzeug, Kostümen, Andenken, Scherz-, Saison- und Trendartikeln. Wer nicht an der Kasse bezahlen möchte, kann sich an Batterien von Gacha-Gacha-Automaten bedienen.

Zum letzten Mal suchte ich Tokyu Hands auf, als ich mein Kostüm für die Kindergarten-Halloween-Party zusammensuchen musste. Und das kam so:

Die Fledermaus-Hexe & das Vampir-Häschen

Unsere Tochter Hana konnte sich nicht entscheiden, ob sie als Fledermaus oder als Hexe gehen wollte. Zum Glück fand ihre Mutter ein Hexenkostüm, das ein bisschen fledermausig aussah. Wir konnten Hana einreden, dass ›Fledermaus-Hexe‹ ein bewährtes, existierendes Konzept sei und nicht irgendein Quatsch, den wir uns ausgedacht hatten, damit die liebe Seele Ruhe hat. Eines Morgens fragte sie: »Und als was gehst du, Papa?«

Ich wollte ihr die Wahrheit sagen: »Mein Schatz, ich gehe als ein muffeliger Deutscher, der findet, dass Halloween nur dort gefeiert werden sollte, wo es eine lange Tradition und kulturelle Relevanz hat.« Irgendwie kam es allerdings raus als: »Mein Schatz, ich gehe als Vampir-Pirat.«

Ich hoffte, sie würde die unüberlegte Bemerkung ganz schnell wieder vergessen. Was beweist, dass ich in vier Jahren Vaterschaft rein gar nichts gelernt hatte. Die vergisst so was nicht. Die hat noch nie irgendwas vergessen, was sie vergessen sollte. Ab sofort erzählte sie also freudestrahlend jedem Verwandten und Bekannten, jedem Convenience-Store-Angestellten und jedem dahergelaufenen Passanten: »Ich gehe zu Halloween als Fledermaus-Hexe und Papa als Vampir-Pirat!«

Ich konnte meine Tochter nicht enttäuschen, also machte ich mich tatsächlich dran, eine Vampir-Pirat-Verkleidung zu organisie-

Wer etwas sucht, nachdem er ganz bestimmt nicht gesucht hat, findet es bei Tokyu Hands.

ren. Einen Tag vor der Kindergarten-Party, übertreiben muss man es schließlich auch nicht. Ich fand bei Tokyu Hands ohne Weiteres einen Vampirumhang, das Modell hieß in typisch japanischem Englisch *Want to Blood*. Jedoch fand ich kein Piratenutensil. Krummsäbel und Pistolen ja, Waffen sind allerdings im Kindergarten verboten, da sind sie etwas komisch. Es hat auch in Japans Geschichte Piraten gegeben, das weiß ich, es gibt mehrere nicht sehr schmeichelhafte chinesische Filme über sie. Beliebt als Halloween-Verkleidungen sind sie augenscheinlich nicht. Schließlich fand ich einen einzigen Totenkopf-Hut. Selbstverständlich einen für Hunde. Sehr kleine Hunde. In meiner Verzweiflung kontemplierte ich tatsächlich, mir den klitzekleinen Hut auf den Kopf zu setzen; ist doch witzig. Allerdings passt mir schon meist die japanische Kleidung für erwachsene Menschen nicht recht, da wollte ich es mit der Dackelkopfbedeckung gar nicht erst versuchen.

Wenn die Freiheitsstatue und die Golden Gate Bridge die Sicht auf den Eiffelturm verstellen, dann ist man in Tokio.

Große Auswahl im Themenbereich ›Sexy Krankenschwester‹, wenig für Piraten. Vielleicht konnte ich als irgendeine andere Art von Vampir gehen. Eine schreckliche Sekunde lang hielt ich einen Charlie-Chaplin-Bart in der Hand. Das wäre natürlich der Knüller gewesen: Der muffelige Deutsche mit dem schütteren Haar geht zur Party des internationalen Kindergartens mit einem seltsamen kleinen Bart unter der Nase. Da hätte ich mich nur mühsam rausreden können: »Nein, nein! Der, an den SIE denken, war Österreicher!«

Letztendlich fand ich zu Hause ein paar Hasenohren zum Aufstecken. So etwas ist in jedem japanischen Haushalt obligatorisch vorhanden, wie Feuerlöscher und Rauchmelder. Das Vorhandensein wird einmal im Jahr amtlich geprüft, vom Feuerlöscher-, Rauchmelder- und Hasenohren-Beauftragten.

* * *

»Was ist dein Papa?«, flüsterte auf der Party ein kleiner Freund Hana zu.

Hana seufzte und sagte nach einer Beschämungspause: »Ein Vampir-Bunny.«

Sie ist aber auch eine strenge Kostümkritikerin. Später, auf dem Heimweg, echauffierte sie sich. Zum Glück nicht über mich. »Lisa war eine Prinzessin!«

»Ja, und? Du magst doch Prinzessinnen.«

»Prinzessinnen sind nicht gruselig! Halloween muss gruselig sein! Hast du Ken gesehen?«

»Thomas, die kleine Lokomotive.«

»Nicht gruselig.«

»Aber handwerklich gut gemacht.«

»Nicht gruselig.«

Ich möchte noch erwähnen, dass ich auf der Kindergarten-Halloween-Party unter etwa fünfzig anwesenden Erwachsenen einer von nur drei Verkleideten war (und der einzige Vampir-Bunny). Was den korrekten Themenbezug anging, stach mich einer mit seiner mexikanisch inspirierten Skelettbemalung eindeutig aus. Der andere war als der weiß-rot gestreifte Walter aus den *Wo ist Walter?*-Büchern gekommen. Nicht gruselig.

Niedlicher Protz

Um die Jahrtausendwende herum verbrachte ich den zweiten Tokio-Aufenthalt meines Lebens auf Odaiba, einer künstlichen Halbinsel in der Bucht der Stadt. Es war eine der langweiligsten Wochen meines Lebens. Das Viertel war tot. Dafür konnte das Viertel aber nichts, es war meine Schuld, denn ich war allein, und es war Januar. Odaiba ist nun nicht der Ort, den man allein und im Winter besucht. Es ist eine sommerliche Vergnügungswiese aus Sand und Beton, über die man am besten mit einem romantischen Partner tollt. Man mietet sich dort auch nicht für eine geschlagene Woche ein, sondern kommt am späteren Vormittag, wenn die Geschäfte öffnen (in Japan oft unvermutet spät, auf Odaiba noch später), und verlässt die Gegend spätestens wieder nach dem Abendessen. Man

KAWAII–SUPERHIT: *LAFORET HARAJUKU*

Ist Harajuku mit dem Gewusel auf der Takeshita Dori und dem Gerede, dass sich die wirklich coolen Läden ohnehin im Gewirr der Nebenstraßen befinden, zu viel Arbeit? Dann lässt man die Takeshita Dori einfach links liegen (vom Bahnhof aus gesehen buchstäblich), läuft die Omotesando runter (die Lieblingseinkaufstraße der Eltern, deren Kinder durch die Takeshita Dori wuseln) und begibt sich direkt zum Kaufhaus Laforet, das auf fünf Stockwerken junge Markenmode bietet (Halbstockwerke nicht mitgerechnet), allerdings gottlob nicht von langweiligen oder allzu geläufigen Marken. Im zweiten Stock gibt's was zu essen, im sechsten was zu sehen, falls man bis dahin noch nicht genug gesehen hat. Das Laforet Museum nimmt dem Kaufhausbesuch das schlechte Gewissen, denn: Kultur. Meistens haben die Ausstellungen einen Bezug zu Mode und anderen Popthemen. Es ist also keines dieser Museen, in denen man ständig denkt: Wenn ich nur noch eine vorgeschichtliche Keramikschüssel mit Sprung sehen muss, platze ich. Solche gibt es in Tokio auch. Aber das Buch soll bitte jemand anderes schreiben.

hält Händchen auf der Strandpromenade, lässt sich gemeinsam vorm großen Dekoherzen fotografieren, genießt den Blick auf die Freiheitsstatue, die jemand hier hingestellt hat, und auf die Rainbowbridge, über die das Viertel zu erreichen ist und die aussieht, als hätte man sie aus San Francisco herteleportiert. Vorstellbar ist es, denn nicht weit entfernt vom Einkaufszentrum Venus Fort gibt es einen Bahnhof namens Tokyo Teleport – Science-Fiction-Fans sind also ganz in ihrem Element. Wenn *kawaii* eine Form von Kitsch ist, dann ist Odaiba ein Kawaii-Gesamtkunstwerk, das man nicht vernachlässigen sollte. Auch Protz kann *kawaii* sein. Ist es nicht niedlich, wie die kleine Spezies Erdenmensch so emsig versucht, sich selbst durch Prachtbauten und Monumente ihrer eigenen Größe zu versichern? Sollten Brücke und Statue noch nicht genug sein, werfe man nur einen Blick auf das Gebäude des Fernsehsenders Fuji TV, in dessen Mitte der Stararchitekt Kenzo Tange ein kugelrundes UFO gesetzt hat, oder auf das Riesenrad im Vergnügungspark Mega Web, das nächtlich wie ein elektrisches Feuerwerk erstrahlt.

Das Venus Fort sieht zwar innen nicht außerirdisch aus, dafür venezianisch (es ist quasi ein japanischer Nachbau dieses berühmten amerikanischen Einkaufszentrums, das Venedig nachgebaut ist). Futuristischer geht's in der Tokyo Joypolis zu, einem Virtual-Reality-Spielerparadies. Hin und bloß wieder weg kommt man freilich mit einer fahrerlosen Schwebebahn. Und im Legoland Discovery Center gibt es unter anderem eine Nachbildung von allem, was in Tokio wichtig ist, inklusive Shibuya und Godzilla. Da kann man sich dann noch einmal versichern: Die große Stadt ist *kawaii*.

KAWAII INSIDERWISSEN: VILLAGE VANGUARD

Exciting Book Store hat sich die Village-Vanguard-Kette zum Untertitel gewählt, dabei sind Bücher allenfalls die halbe Miete dieser kunterbunt von oben bis unten, von rechts nach links und von hinten bis vorne vollgestellten Läden. Hier bekommt man alles, was man dringend nicht braucht, von Kunst bis Porno bis irgendwie beides; von Musik-CDs, die es in keinem CD-Laden gibt, bis zu Nostalgie-Reklameschildern; von Kleinkinder-Snacks bis zum schärfsten Kartoffelchip der Stadt; von Manga-Merchandising bis zum ordinären Scherzartikel (wer möchte nicht braunes japanisches Curry aus kloförmigen Schüsseln essen?). Hier kann sich der Reisende informieren, was gerade in Japan angesagt ist, und der Japaner darüber, wofür anderswo im Moment die Herzen schlagen, denn die internationale Pop- und Kommerzkultur wird hier genauso berücksichtigt wie die einheimische. Obwohl ich im Village Vanguard bereits sehr gute Jazz-CDs gekauft habe, ist der Laden nicht zu verwechseln mit dem legendären New Yorker Jazzclub gleichen Namens.

KAPITEL 10

KAWAIIworld
Japan ist nur der Anfang

SEIT JAPAN IN DER WELT wirtschaftlich und politisch immer weniger zu melden hat, versucht es mit Softpower zu punkten. Als man merkte, dass die Popkultur des Landes auch in anderen Ländern Zuspruch findet, wurde flugs der Cool Japan Fund ins Leben gerufen, der das Thema auf Regierungsebene fördert. Wer mal eine japanische Parlamentsdebatte gesehen hat, der weiß, dass es nichts Uncooleres gibt als japanische Politiker. Der Deutsche Bundestag ist dagegen ein Ausbund an Diversität und jugendlichem Esprit. Obwohl die Investition in Manga und Anime sicherlich begrüßenswerter ist als die Investition in Kriegsgerät, ist die 2013 gegründete Initiative bislang kaum mehr als eine tragikomische Nummernrevue aus Prestigeprojekten, die keinen echten Konsumenten interessieren, sowie internen Skandalen um uncoole Arbeitsbedingungen.

Staatlich verordnete Coolness braucht es nicht, das Ding läuft auch so. Japan mag stets die Heimat von *kawaii* bleiben, doch *kawaii* ist bereits in die Welt hinausgegangen, und die Welt hat gesehen, dass es gut ist. Die Konsequenz: Japanische Niedlichkeit wird international nicht nur begeistert aufgenommen, sondern ebenso kreativ variiert und zurückgespielt. Die US-Fernsehserie *My Little Pony*, die mit anspielungsreichem amerikanischem Humor und japanischer Ästhetik spielt, ist ein Paradebeispiel. Die Charaktere sind in Fernost ebenfalls rasend beliebt, nicht nur bei den Kleinen (ich gebe zu, ich bin ein *Brony* – ein männlicher Fan). Der Fairy-kei-Modestil wäre ohne Pony-Accessoires um einiges ärmer. Gleichwohl gefällt nicht immer allen alles, wenn die Kulturen sich vermischen.

My Little Pony: Liebeshochzeit von japanischer Ästhetik und amerikanischem Humor

Geliehen, nicht geklaut

Als die kanadische Popsängerin Avril Lavigne es 2014 wagte, einen Videoclip zu ihrem Song *Hello Kitty* in Tokio zu drehen, war das Geschrei ausländischer Japan-Puristen groß. Ihre Verwendung von Kawaii-Klischees wurde gar als rassistisch bezeichnet. Mir derweil stellte sich die Frage, ob die Schreihälse schon mal ein Video von Kyary Pamyu Pamyu gesehen hatten.

Bei orthodoxen Otaku ist auch die ehemalige No-Doubt-Sängerin Gwen Stefani nicht wohlgelitten, die einige ob ihrer Mode- und Parfümlinie Harajuku Lovers für den bekanntlich bereits stattgefunden habenden oder zumindest unmittelbar bevorstehenden Tod des Modeviertels Harajuku mit- oder sogar alleinverantwortlich machen. Das sei nicht authentisch. Das sei keine Mode, das sei Kommerz. Dabei ist Mode stets Kommerz, das ist quasi Teil ihrer Definition. Unauthentisch wäre allenfalls Mode ohne Kommerz.

Und fragen wir Katy Perry lieber nicht, wie das damals war, als sie 2013 in einem Kimono gesungen hatte. Andere haben sie gefragt. Immer und immer wieder, als handele es sich um eine wirklich, wirklich untragbare Zumutung, die nach Satisfaktion verlange. Bis Perry sich dann knapp vier Jahre später völlig unangebracht dafür entschuldigte, dass sie mal was Hübsches tragen wollte.

Gwen Stefani bedient sich bei japanischer Popkultur. Macht nichts, es ist genug für alle da.

Nimmt sich das Recht auf Kimono: Hello Kitty

Ich erinnere mich gut, in meinen Münchner Jahren als gelegentlicher Zwangsbesucher des Oktoberfestes dort etliche Japanerinnen in Dirndln gesehen zu haben. Ihnen war der Spott meiner bayerischen Freundinnen und Freunde gewiss, sowohl was das Ausfüllen des Stoffes wie den Stoff selbst betraf (es ist wohl nicht jeder Glitzerkram mit Rüschen, den ein Nicht-Bayer als Dirndl kauft, tatsächlich eines). Eines jedoch habe ich nie erlebt. Nie ist jemand puterrot angelaufen und hat gerufen: »Aber die ... aber die ... also, die haben uns unsere KULTUR geklaut!«

Warum sollte auch jemand, die Kultur war schließlich immer noch da, überall um uns herum. Denn die japanische und die bayerische Kultur haben etwas gemein: Sie sind zäh. Wenn ein amerikanisches Popsternchen mal einen Kimono trägt, dann muss in Japan kein einziges Mädchen weniger im Kimono gehen. Ja, vielleicht macht sich der eine oder andere Japaner über das Popsternchen lustig. Nein, nicht vielleicht: Das ist sogar ganz sicher so. Aber heiliger Zorn wird niemanden überkommen. Insbesondere in der Causa Lavigne überwog in Japan der Stolz, dass da ein internationaler Superstar (das war sie schließlich eine Zeit lang, und im poptreuen

Japan ist sie es nach wie vor) sich der japanischen Gegenwartskultur angenommen hatte.

»Und was ist mit Kim Kardashian?«, fragt da der Schlaumeier. Richtig, die Aufregung um ihre Unterwäschekollektion namens Kimono (KimOhNo!, wie ihre Gegner umformulierten) kam in erster Linie aus Japan. Ist aber eine ganz andere Geschichte. Hier ging es nicht um das, was der moderne Moralwächter so großspurig wie schwammig als ›kulturelle Aneignung‹ bezeichnet. Hier ging es ums juristisch Eingemachte, denn es hatte den Anschein, als wolle Frau Kardashian sich den Begriff ›Kimono‹ rechtlich schützen lassen. Diese Feinheit ging in der deutschen Berichterstattung zu diesem Eins-a-saure-Gurken-Zeit-Thema meistens unter, wie so viele Feinheiten in der deutschen Berichterstattung oft untergehen. Bei diesem Angriff auf die japanische Kultur kann man sich im ersten Moment schon mal ein bisschen echauffieren. Das wäre ja so, als würde jemand versuchen, den Begriff ›Dirndl‹ für eine amerikanische Sockenkollektion rechtlich zu schützen.

Allerdings sind noch mehr Feinheiten untergegangen, nicht nur in deutschen Medien: Selbst wenn Kim-chan mit ihrem markenrechtlichen Ansinnen durchgekommen wäre (ist sie nicht), hätte das nicht bedeutet, dass niemals wieder jemand einen Kimono hätte ›Kimono‹ nennen dürfen. Es hätte lediglich bedeutet, dass niemand anderes seine Shapewear-Unterwäsche, was immer das sein mag, hätte ›Kimono‹ nennen dürfen. Darauf ist in der bisherigen Geschichte des Kimonos ohnehin außer Kim Kardashian noch nie jemand gekommen. Schon gar nicht in Japan. Das Bedenklichste an diesem Nicht-Skandal war, wie bei so vielen anderen auch, dass seine Debatten von völlig Uninformierten angestoßen und geführt wurden, und keiner hat's gemerkt.

Insofern gab ich Frau Kardashian recht, als sie zunächst von der Kritik unbeirrt mit ihrem Kimono-Ding weitermachen wollte. Soll sie doch, wenn sie es für eine prächtige Idee hält, dachte ich mir. Inzwischen hat sie allerdings einen Rückzieher gemacht, nachdem sich sogar der Bürgermeister von Kyoto nicht entblödet hatte, einen offenen Brief zu schreiben.

Der Schlusssatz, das finale Statement, quasi das moralische

Hongkong gehört zu Hello Kittys sichersten Märkten.

Fazit dieses Buches soll aber bitte nicht sein, dass ich Kim Kardashian recht gebe. So weit geht die Liebe nicht. Schnell noch ein paar andere Themen finden. Je weiter weg, desto besser.

Kriminelle, Kriminalisten und Hello Kitty

Hello Kitty ist einer der wenigen japanischen Superstars, die über alle kulturellen Hürden und geografischen Grenzen hinaus den Weg zu internationalem Ruhm gefunden haben. Da sollte es nicht verwundern, dass es hin und wieder den einen oder anderen Ausreißer gibt, der nicht ganz zur Marke passt. Mal ist das Dilemma selbst verschuldet, wie die Begrüßung der Puroland-Partycrowd als »motherfuckers« oder die Sache mit dem Schultermassagestab, den einige ältere weibliche Fans zweckentfremdeten (nicht für die Schulter), woraufhin das Gerücht aufkam, das Gerät mit der praktischen Passform sei von vornherein für genau das gedacht gewesen und die Bezeichnung ›Schultermassagestab‹ nur ein keck augenzwinkernder Euphemismus. Der Hersteller Sanrio bestritt das. Andererseits bestreitet Sanrio auch, dass Hello Kitty eine Katze ist.

Die Polizeiobersten von Bangkok beschlossen 2007, dass es nur wenig Erniedrigenderes für einen stolzen männlichen Polizisten geben könnte, als eine rosa Armbinde mit zwei Herzen und dem Antlitz von Hello Kitty drauf zu tragen. Doch genau das sollte ab sofort tun, wer sich geringfügig am Dienstethos versündigt hatte, etwa zu spät gekommen war oder falsch geparkt hatte. »Das hilft uns, Disziplin aufzubauen«, gab Police Colonel Pongpat Chayapan der Nachrichtenagentur Reuters zu Protokoll. Schuldige Polizeibeamte mussten die Binde für ein paar Tage im Büro tragen und durften die genaue Natur ihrer Vergehen nicht preisgeben. »Ihre Kollegen sollen raten, womit sie das verdient haben.« Auf Streife immerhin durften die Binden abgelegt werden. Was hinter verschlossenen Türen die Disziplin der Polizei förderte, untergrub auf der Straße wahrscheinlich die der Öffentlichkeit.

Man sollte derweil nicht meinen, bei schweren Fällen von Amtsmissbrauch mit ein paar Tagen Hello Kitty davonzukommen. Für größere Vergehen und Wiederholungstäter waren weiterhin konventionellere Strafmaßnahmen vorgesehen. Die strenge thailändische Justiz ist auch nicht unbedingt dafür bekannt, dass sie Urteile fällt wie: »Jetzt trägst du für ein paar Tage ein rosa Band am Arm und denkst mal ganz genau darüber nach, was du getan hast!«

In Hongkong half Hello Kitty der Polizei 1999 (unfreiwillig) in einem weitaus dramatischeren Zusammenhang. Teile des Kopfes einer ermordeten und zerstückelten Nachtclub-Hostess wurden in eine Hello-Kitty-Puppe eingenäht gefunden, was medial sofort zum ›Hello-Kitty-Mord!‹ erklärt wurde, obwohl die Figur auf keinerlei Weise in die Tat verwickelt war oder sie auch nur inspiriert hätte. Gleichwohl wurde sie den Tätern zum Verhängnis: Über die Puppe konnte eine dreizehnjährige Zeugin sie identifizieren.

Hongkong gehörte immer zu Kittys stärksten Märkten, daran hat sich durch das Verbrechen nichts geändert. Dennoch ist es nicht so, dass niemand versucht hätte, aus dem Mord und der Hello-Kitty-Verbindung Kapital zu schlagen. Mindestens zwei schnell heruntergekurbelte Exploitation-Filme basieren auf den Ereignissen, *Human Pork Chop* und *There Is a Secret in My Soup* (auch unbekannt als *Human Head Tofu Soup*). Zumindest bei letzterem hat

Sanrio aktiv eingegriffen und mit juristischen Konsequenzen gedroht, würde Hello Kitty im Film vorkommen. Sie kam letztendlich in keinem der beiden Filme vor. Wie DJ Hello Kitty sagen würde: Nehmt das, *motherfuckers*.

Fliegen wie ein faules Ei

Fliegende faule Eier hat wohl jeder gerne. Das zumindest dachte sich die taiwanische Fluglinie EVA, die international vor allem für ihre Hello-Kitty-Themenflüge bekannt ist. Inzwischen hat sie noch einen draufgelegt und bietet gleich sieben verschiedene Sanrio-Flieger auf ausgewählten Routen zwischen Taiwan, Japan, Bali, Südkorea, Hongkong und den USA. Markengerechtes Einchecken an liebevoll gestalteten Schaltern, Originalsouvenirs an Bord sowie Essen mit Charakter gehören natürlich dazu. Zur Auswahl stehen:

Gudetama Comfort Flight: Gudetama, das faule Stück Eigelb, das am liebsten unter seiner Speckdecke schläft, ist derzeit der beliebteste Sanrio-Charakter, noch vor Hello Kitty. Klar, dass der sein eigenes Flugzeug bekommt. Der Fluglinie ist bekannt, dass Gudetama etwas länger braucht, um sein Gepäck zu packen, und das ist okay. Sein Comfort Flight folgt der »Philosophie

Bei den Sanrio-Flügen geht der Trip schon vor dem Abflug los.

71

der Faulheit« und verspricht ein besonders entspanntes Reiseerlebnis. Verspätungen sind wahrscheinlich Teil des Event-Charakters.

Shining Star: Die altgedienten Sanrio-Veteranen der Little Twin Stars, auch bekannt als Kiki und Lala, ihrerseits Bewohner der Traumsternwolke, lassen zusammen mit Hello Kitty ihre Passagiere Sterne sehen.

Sanrio Family Hand in Hand: Im Zeichen von weltweiter Freundschaft ist die ganze Sanrio-Familie an Bord. Hand in Hand. Quasi die Avengers der Niedlichkeit.

Joyful Dream: Hello Kitty, Kiki, Lala, der Puddinghund Pompompurin und andere niedliche Reisebegleiter reisen mit. Es wird doch letztendlich nicht nur ein wunderschöner Traum gewesen sein?

Bad-Badtz Maru Travel Fun: Der Pinguin mit dem schlitzohrigen Humor übernimmt das Steuer. Was kann da schiefgehen?

Celebration Flight: Wie bei der Hand-in-Hand-Version sind hier auch alle dabei. Und sie feiern eine Party!

Hello Kitty Friendship Bows: Hier steht alles im Zeichen von Hello Kittys roter Schleife, die für Freundschaft steht. Die Airline ermutigt zum Schleifentausch und zur Schließung weltweiter Freundschaften.

* * *

Dass gerade Taiwan die Hello-Kitty-Luftflotte eingeführt hat, kommt nicht von ungefähr. 1999 wurde Kitty dort als ›Person‹ mit der drittgrößten Medienpräsenz ermessen. Die Medienpräsenz war dabei keine durchweg positive. Selbst wenn nicht jedes Kitty-Gut ein Luxusgut ist, so wird doch über Verknappung, also limitierte Angebote, immer wieder Exklusivität forciert. Im Sommer des besagten Jahres gab McDonald's seinen Happy Meals zu einem Aufpreis von 99 Taiwan-Dollar (nach damaligem Kurs knapp 2,90 Euro) eine Stoff-Kitty bei. Mit 250.000 Exemplaren war noch nicht mal sonderlich knapp kalkuliert. Dennoch schaffte das Angebot den Weg in die Abendnachrichten. Nicht weil es so günstig und putzig war. Sondern weil es so beliebt war. So beliebt, dass das Volk vor lauter Kitty-Liebe die Nächstenliebe vergaß. Erst bildeten sich landesweit vor den Burger-Bratereien lange Schlangen, in denen viele Kaufwillige stundenlang ausharren mussten. Schließlich gingen alle 250.000 Kätzchen über die Theke, bevor alle Wartenden gespeist waren. Noch am ersten (und gleichzeitig vorerst letzten) Verkaufstag kam es zu gewalttätigen Auseinandersetzungen zwischen Nicht-Habenden und Habenden. Die unbarmherzige taiwanische Sommerhitze wird nicht ganz unschuldig gewesen sein. McDonald's warf später in wöchentlichen Chargen weitere Puppen auf den Markt, insgesamt wurden es 2,5 Millionen. Jede Lieferung war innerhalb weniger Stunden ausverkauft. Laut Benjamin Yeh, damals Sprecher von McDonald's Taiwan, verkaufte man in dieser Zeit auch mehr Burger und Fritten als üblich, und zwar im Wert von ungefähr 8 Millionen Euro.

Von ein paar blutigen Nasen ließen sich weder Konsumenten noch Produzenten abschrecken. Im selben Jahr brachte die Firma Chunghwa Telecom eine Kitty-Telefonkarte heraus, deren 50.000er-Auflage in fünf Minuten ausverkauft war. Apple brachte einen erdbeerfarbenen iMac heraus (bitte nicht mit dem Kopf schütteln, der iMac war egal in welcher Farbe eine typische Neunziger-Jahre-Modesünde), zu dem es ein Set Hello-Kitty-Briefpapier gab (es war wohl vor dem auch von Apple propagierten Zeitalter der Papierlosigkeit). Eine andere Firma produzierte ein rosa Kitty-Notebook. Yulon Motor, Taiwans größter Automobilhersteller, stellte ein Kitty-Kraftfahrzeug her. McDonald's ließ sich ebenfalls nicht belehren und ging im Jahr 2000 mit einer Millenniums-Kitty-Mahlzeit an den Start. Diesmal hatte man die Auflage fast verdoppelt, Schlägereien wurden keine bekannt. Die Diskussion um Sinn und Unsinn von Hello Kitty wurde allerdings erneut entfacht.

Die hysterischen Reaktionen auf die japanischen Niedlichkeiten griffen auch auf andere Länder über. Im Januar 2000 brachte McDonald's in Singapur Puppen von Hello Kitty und ihrem offiziellen Beau Dear Daniel in Hochzeitsgarderoben aus verschiedenen Ländern ins Happy Meal. Die Tageszeitung *Straits Times* berichtete, dass sich am verregneten, landestypisch feuchtheißen Erstverkaufsmorgen 350.000 kaufwillige Bürger auf den Weg gemacht, ein Verkehrschaos ausgelöst, in wenigen Stunden alle Puppen an sich gerissen

und die notgedrungen ebenfalls erworbenen Lebens-
mittel einfach weggeworfen
hätten. In einer Publikation
der Singapore Medical As-
sociation beschwerte sich
ein Arzt darüber, dass Mitarbeiter zu spät zur Arbeit
kamen, weil sie für Kitty und
Daniel Schlange standen. In
einer McDonald's-Filiale in
der Boon Keng Road gingen
die Glastüren zu Bruch, sieben Menschen wurden ver-
letzt, drei schwer genug fürs
Krankenhaus, der Katastro-
phendienst Singapore Civil

Sie haben sich das genau überlegt:
Hello Kitty und Dear Daniel.

Defense Force musste mit seinen dramatisch roten Einsatzfahrzeu-
gen anrücken. In einer anderen Filiale kam es zu Handgreiflichkeiten
zwischen zwei Männern, die sich um eine Puppe stritten.

Wie reagierte McDonald's? Verzichtete man fortan auf solche
Aktionen? Nein, man stellte Sicherheitspersonal ein und limitierte
die Anzahl der Kitty-Boni auf vier Stück per Käufer. Zuvor war es
nämlich zu Massenkäufen überenthusiastischer Sammler und mut-
maßlicher Wiederverkäufer gekommen.

Die kommenden Jahre haben keinen Zugewinn an Klugheit
oder Skrupeln gebracht. Ausgerechnet im Juni 2013, als Singapur mit
Rekord-Luftverschmutzung Schlagzeilen machte, kam es erneut zu
hysterischen Katzen-Hamsterkäufen, als McDonald's phasenwei-
se eine Reihe Kitty-Puppen mit Märchenthematik herausbrachte.
Besonders die letzte der sechs Figuren, eine schwarze Hello Kitty
mit sichtbarem Skelett nach dem Märchen *Der singende Knochen*
der Gebrüder Grimm, hatte es den Sammlern derart angetan, dass
kurz nach dem mitternächtlichen Verkaufsbeginn die Polizei wegen aggressiven Drängelns und anderen Vergehen gegen die zivilen
Sitten gerufen werden musste. Immerhin kam es diesmal nicht zu

KAWAII-SUPERHIT: BATTLE ANGEL ALITA

Große Augen, große Knarre: War Astro Boy ein Update von Pinocchio, dann ist die Manga-Heldin Battle Angel Alita ein Update von Astro Boy. Zusammengesetzt aus Cyborg-Schrott-teilen, sucht Alita nach ihrer Identität und verdingt sich unter anderem als Kopfgeldjägerin und Extremsportlerin. Die Formel ›Heißer Feger mit Kanone‹ entspricht genau der drolligen Macho-Vorstellung von Feminismus, für die der US-Filmemacher James Cameron bekannt ist. Er war Jahrzehnte lang hinter Alita her gewesen. Als Anfang 2019 schließlich ein von Cameron produzierter Spielfilm in die Kinos kam, war die Häme zunächst groß: Der Film war hoffnungslos überbudgetiert und schien in den USA keinen so recht zu interessieren. Die üblichen Internetvollschreiber waren ohnehin auf den Barrikaden, weil das alles mal wieder nicht japanisch genug war. Weil aber die USA nicht mehr die ganze Welt sind und manche Kinder lieber draußen spielen, als den ganzen Tag Internet zu lesen, machte *Alita: Battle Angel* international doch ganz gut Kasse und wurde von unvoreingenommenen Zuschauern wohlwollend aufgenommen. Fortsetzungen nicht ausgeschlossen. (Deshalb übrigens der durcheinandergewürfelte Filmtitel; so kann man besser weitere Folgen benennen: *Alita: Fallen Angel* und *Alita: Avenging Angel* sind angedacht.)

Verletzten. Einige Kaufwillige beschwerten sich lediglich über den rüden Umgangston ihrer Mitbewerber.

Die Zwischenfälle in Taiwan waren nicht der Höhepunkt, sondern der Anfang dessen, was dort, keinesfalls positiv, als ›Hello Kitty Mania‹ bekannt wurde. Intellektuelle Kreise bemängelten den Verfall der Protestkultur. Politische Themen brächten die Menschen nicht mehr auf die Straße, aber ein kleines Stoffkätzchen schon. Der schreibende Arzt aus Singapur gab an der Kitty-Manie in seinem Land den wie üblich verdächtigten Medien die Mitschuld, insbesondere dem Fernsehen, das Kinder mit seiner aggressiven Werbung Flausen in den Kopf setze, denen die heutzutage ohnehin viel zu laxen Eltern ohne weiteres nachgäben. Dabei übersah er, dass Hello Kitty gerade in den Märkten, in denen es zu Ausschreitungen kam, eher ein Phänomen für erwachsene Sammler als für minderjährige Spielkinder ist.

Und mit diesen harmonischen Bildern entlasse ich Sie guten Gewissens in den abschließenden Service-Teil des Buches.

Nicht von allen, aber von sehr vielen gern gesehen: Hello Kitty in Singapur

KAWAII**INSIDERWISSEN:** MIFFY VS. KITTY

Holland gegen Japan gibt es nicht nur in der Fußballweltmeister-schaft, sondern auch bei Cartoon-Figuren. Das holländische Hasen-mädchen, das international als Miffy bekannt ist (in Deutschland bisweilen auch als Nina), heißt im niederländischen Original Nijntje, und das wiederum heißt so viel wie Häschen (vollständig *konijntje*: Kaninchen). So simpel der Name, so simpel die Figur. Ein rudimen-tärer Rumpf mit stummeligen Andeutungen von Extremitäten, da-rüber ein großer runder Kopf mit Knopfaugen und steil in die Luft ragenden Löffeln oben drauf. Als angedeutete Schnauze gibt es ein kleines Kreuz dort, wo Menschen einen Mund hätten und gewisse Kätzchen gar nichts haben. Überspitzt könnte man sagen, dass sich Miffy von Hello Kitty nur durch die Ohren und die verhuschte Mund-partie unterscheidet. Viele sehen das so überspitzt. Dick Bruna, der 2017 verstorbene Erfinder von Miffy, war einer von ihnen. 2008 gab er in einem Zeitungsinterview zu Protokoll: »Ich glaube, [Hello Kit-ty] ist eine Kopie. Das gefällt mir gar nicht.« Gleichwohl ging er nie gegen sie vor Gericht. Bei Kittys Hasenfreundin Cathy allerdings war der Bogen überspannt: Die darf seit einem Richterspruch in einigen Ländern nicht mehr verkauft werden.

ANHANG

KAWAIIglossar

DIESE ZUSAMMENSTELLUNG VON Fach- und Fanausdrücken ist keinesfalls eine erschöpfende Darstellung des gesamten Slangs der japanischen Pop- und Jugendkultur. Sie umfasst aber alle Beispiele, die für dieses Buch relevant sind.

Akiba
Kurz für Akihabara. Ein Stadtteil von Tokio, der besonders bei Elektroniktüftlern und Fans japanischer Popkultur beliebt ist.

Anime
Zeichentrick in Film und Fernsehen. Vom englischen *animation*, gesprochen mit stimmhaften E: Animé.

Cosplay
Von *costume* und *play*. Gemeint ist das Verkleiden als Figuren aus → Manga, → Anime und anderen Erscheinungsformen visuell-narrativer Kunst.

enjokosai
Bezahlte Begleitung. Bezahlen lassen sich Schülerinnen, es zahlen meist ältere Herren. Sexuelles ist nicht zwingend Teil der Abmachung, oft genug aber doch.

eroge
Computerspiele mit erotischem Inhalt. Das ›ge‹ kommt vom *gemu*, der japanischen Annäherung ans englische *game*.

erokawaii
Erotisch und → *kawaii*.

gacha gacha

In Automaten vertriebene Plastikkugeln, die Spielzeug oder Sammlerstücke enthalten. Benannt nach dem Geräusch, das sie machen, wenn sie den Automaten verlassen.

Idol

Meist junge weibliche Popstars. Der Begriff kommt aus der französischen Filmkomödie *Diamanten-Story*, im Original *Cherchez l'idole*.

instagrammable

Fotogen genug zur Verbreitung über den Online-Dienst Instagram.

J-

Mit dem J davor wird alles spezifisch japanisch: J-Pop, J-Horror, J-Stulle.

kawaii

Siehe Seite 1 bis 187.

Kawaiicore

Viele sagen, es sei dasselbe wie ➜ Kawaiimetal. Ich sage, es ist lustiger und interpretationsoffener.

Kawaiimetal

Viele sagen, es sei dasselbe wie ➜ Kawaiicore. Ich sage, es ist bloß Metal mit süßen Sängerinnen, während Kawaiicore alles Mögliche sein kann.

-kei

Heißt wörtlich so viel wie ›Art‹ oder ›Stil‹. Wird häufig genutzt, um Mode oder Musikrichtungen zu bezeichnen: *Visual-kei* (ein optisch extravaganter Stil), *Shibuya-kei* (›in der Art, wie man es in Shibuya macht‹). Mit letzterem kann sowohl eine Moderichtung als auch ein verspieltes musikalisches Genre zwischen Jazz und Pop gemeint sein.

kemonomimi

Von *kemono* (vermenschlichte Tiere aus klassischen Fabeln) und *mimi* (Ohren): Menschliche Figuren in ➜ Manga und ➜ Anime, die mit Merkmalen von Tieren ausgestattet sind (meistens Katzenohren und -schwänze).

kimokawaii

Mischung aus ➜ *kawaii* und *kimochi warui* (ein ungutes Gefühl). Dinge, die niedlich und (mal mehr, mal weniger) widerlich zugleich sind.

kowakawaii

Mischung aus ➜ *kawaii* und *kowaii* (gruselig). Dinge, die niedlich und gruselig zugleich sind.

Lolita

Meint einerseits, der weltweit verbreiteten Nabokov-Assoziation folgend, frühreife Mädchen, andererseits einen vom Rokoko beeinflussten subkulturellen Jugendmodestil.

Love Hotel

Stundenhotel. Der Besuch ist weniger schambehaftet als im Westen. Irgendwo muss man ja hin.

Maid Café

Café mit Bedienungen in französisch inspirierten Hausmädchenuniformen. Die Behandlung der Gäste ist übertrieben zuvorkommend. Gegen Aufpreis wird sie noch zuvorkommender, bleibt allerdings stets jugendfrei.

Manga

Japanische Comics.

moe

Eine Vorliebe für Junges und Unschuldiges.

nakige

Computer- und Videospiele, die mit ihrer aufwühlenden Handlung zum Weinen bringen. Von *naku* (weinen) und *gemu* (dem englischen *game*).

Otaku

Bezeichnet international vor allem leidenschaftliche Fans japanischer Popkultur. In Japan sind mehr Variationen möglich. Man kann durchaus Nudel-Otaku oder Eisenbahn-Otaku sein. In Japan ist der Ausdruck weniger wertfrei als im Ausland. Also Vorsicht, wenn man jemanden leichtfertig so bezeichnet.

purikura

Auf gut Englisch: ›Print-Club‹. Es handelt sich um Kabinen, die Fotoaufkleber ausgeben. Ursprünglich gedacht für Geschäftsleute zur Veredelung von Visitenkarten, heute genutzt von jungen Mädchen zum Spaß.

sukeban

Bandenanführerin. Beschreibt einen klassischen Modestil für halbstarke Backfische.

Superflat

Kunstrichtung, die japanische Popästhetik zugleich hinterfragt und bedient.

videkura

Video-Club, die Bewegtbildvariante von ➜ *purikura*.

Visual Novel

Ein Computer- oder Videospiel mit viel Text und wenig Tätigkeit. Bitte nicht mit Dating-Simulationen gleichsetzen, sonst werden die ➜ Otakus wild.

Vocaloid

Eigentlich ein Stimmsynthesizer. Bezeichnet aber oft auch die virtu-ellen Popstars, denen er die Stimme leiht.

yuru chara

Maskottchen, das für eine Stadt, eine Präfektur, einen Landstrich, eine Gegend wirbt.

Anmerkungen & Danksagungen

Ein paar Worte zur Schreibweise japanischer Namen und zur Konjugation japanischer Begriffe in diesem Buch: Im Japanischen wird der Familienname stets vor dem Taufnamen genannt, etwa Murakami Haruki. In diesem Buch wird die deutsche Reihenfolge verwendet; der Vorname kommt zuerst. Weil es ein auf Deutsch geschriebenes deutsches Buch ist. Sollte es jemals in Japan auf Japanisch erscheinen, bin ich gerne Neuenkirchen Andreas. Aber erst dann.

Unter vielen Japan-affinen Menschen ist es üblich, bei japanischen Begriffen auch in der deutschen Verwendung keine unjapanische Beugung vorzunehmen. So bliebe der Manga im Plural die Manga, Samurai wäre auch im Genetiv bloß Samurai. Manchmal klingt das exotisch und schön, öfter klingt es krumm und schief. Ich habe mich entschlossen, konsequent der deutschen Grammatik zu folgen. Mit dem besserwisserischen Y, das viele absichtlich in die deutsche Schreibweise von ›Tokio‹ schmuggeln, möchte ich gar nicht erst anfangen.

Wenn man mit etwas anfängt, indem man behauptet, dass man gar nicht erst damit anfängt, nennt man dieses elegante rhetorische Manöver übrigens eine Praeteritio. Wieder was gelernt.

Ich habe das aus einem Buch gelernt. Aus jenem speziellen Buch habe ich ansonsten nichts gelernt, was diesem speziellen Buch zugutegekommen wäre. Aus anderen schon. Quelle und Inspiration waren mir vor allem die folgenden Werke:

Patrick W. Galbraith: *The Moé Manifesto: An Insider's Look at the Worlds of Manga, Anime, and Gaming*, Tuttle Publishing, Tokio 2014

Patrick W. Galbraith: *The Otaku Encyclopedia: An insider's guide to the subculture of Cool Japan*, Kodansha International, Tokio 2009

Brian Ashcraft mit Shoko Ueda: *Japanese Schoolgirl Confidential: How teenage girls made a nation cool*, Tuttle Publishing, Tokio 2014

Außerdem meine eigenen Bücher *Gebrauchsanweisung für Japan* und *Hello Kitty – ein Phänomen erobert die Welt*. Kredo kluger Menschen ist: Ich weiß es nicht, aber ich weiß, wo ich es nachschlagen kann. Ich möchte das erweitern um: Ich weiß es nicht mehr genau, aber ich weiß, wo ich es schon mal geschrieben habe.

Mein Hello-Kitty-Buch hat mich vor ein gewisses Dilemma gestellt: Vieles, was ich darin bereits geschrieben hatte, musste auch in dieses Buch. Ist es sinnvoll, etwas radikal neu zu formulieren, wenn man sich schon einmal große Mühe mit der bestmöglichen Formulierung gegeben hatte? Ich habe mich entschlossen, dass der eine oder andere Diebstahl von mir selbst in Ordnung geht, zumal der Originaltext nicht mehr im Umlauf ist und selbst seinerzeit keine

Irgendwo darunter ist mein Telefon.

allzu weite Verbreitung erfahren hatte (hüstel). Selbstverständlich wurde jeder übernommene Baustein noch einmal gründlich poliert und erscheint hier nicht als blasse Kopie, sondern strahlt in neuem Glanze.

Für die Endpolitur, die verlässliche Identifizierung von Ungereimtheiten und die diskrete Vernichtung von peinlichen Schreibschwachheiten danke ich meinem Lektor Artur Senger. Meine Agentin Aenne Glienke und Matthias Walter vom CONBOOK Verlag konnten sich über dieses Werk so flink einigen, dass ich kaum mit der

Arbeit hinterhergekommen bin (besser so als das andere Extrem). Chie Asano hat mir das Handydekorationsset geschenkt, mit dem ich einst mein erstes Smartphone verschönerte (siehe Abbildung). Aus Feigheit erst, als es bereits aus dem aktiven Dienst entlassen worden war. Etliche der Themen dieses Buches hätte ich ohne meine Tochter Hana gar nicht erst gefunden. Einige hätte ich ohne meine Frau Junko nie verstanden. Der Junie Moon Store in Daikanyama, Tokio, war so nett, Fotografien seiner großartigen Blythe-Puppen zur Verfügung zu stellen. Man erreicht ihn unter www.blythedoll.com und www.juniemoon.jp. Chris Carlier hat die meisten Bilder im Maskottchen-Kapitel beigesteuert. Wer noch viel mehr davon sehen und lesen möchte, sollte schleunigst www.mondomascots.com ansteuern.

Bildnachweis

Von ewigen Singles, Love Hotels und dünnen Wänden

Was Sie schon immer über Japan wissen wollten, aber bisher nicht zu fragen wagten: Die Autoren des erfolgreichen *Fettnäpfchenführers Japan* enthüllen für ihr neues Buch alle Geheimnisse rund um die Themen Liebe und Sexualität in Japan. Sie begleiten die fiktiven Protagonisten Kenji, Yukiko und Saki durch die Abenteuer des Liebslebens.

Vom ersten Kuss über die Tücken moderner Dates und traditioneller Hochzeiten bis hin zum Kinderkriegen und ganz alltäglichen Ehewahnsinn – witzig und einfühlsam zeichnen die Autoren nach, wie die *Liebe auf Japanisch* funktioniert.

»Ein amüsantes Fakten-Feuerwerk.« *(Japanliebe.de)*

»Mit Charme, Witz und wissenswerten Infos untersucht das Buch die Liebe in Japan – in all ihren Facetten. Wer den ›Fettnäpfchenführer Japan‹ mag, der wird dieses Buch lieben.« *(animePro)*

Kerstin und Andreas Fels
Liebe auf Japanisch
Von ewigen Singles, Love Hotels und dünnen Wänden

ISBN 978-3-95889-200-2
ISBN 978-3-95889-210-1

Momentaufnahmen eines Landes zwischen Comic und Kaiserreich

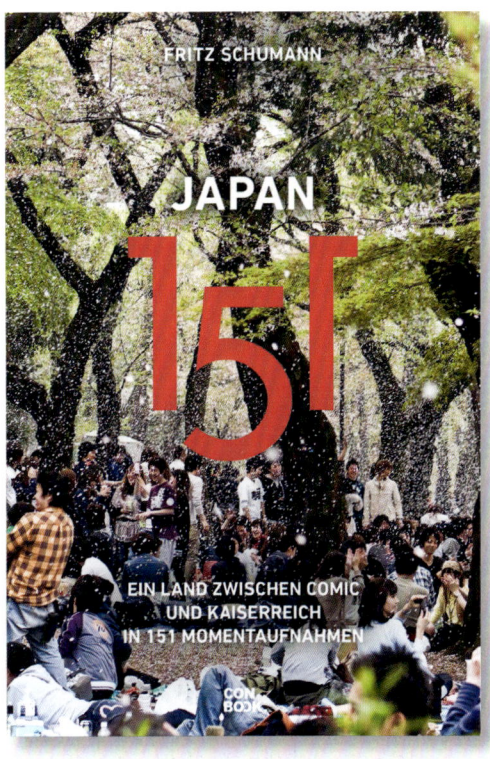

Japan – Inselreich im Fernen Osten. Nichts ist für die Ewigkeit in diesem Land, das häufig von Naturkatastrophen heimgesucht wird und die Zeit der vergänglichen Kirschblüte deshalb ausgiebig feiert. Wo es weit mehr Spezialitäten als Sushi und Sake gibt und die Menschen sich für kindliche Motive ebenso begeistern wie für die altehrwürdigen Ideale der Samurai.

Japan 151 ist eine einzigartige Dokumentation des Lebens in heiliger Natur und hellem Neon, zwischen schnellem Konsum und uralten Idealen – mit Traditionen, die in einer Welt modernster Technik überdauern. Erleben Sie in 151 Momentaufnahmen viele Perspektiven der japanischen Kultur und Gesellschaft, begleitet von Geschichten, persönlichen Eindrücken und einem Blick in die Tiefe.

Fritz Schumann
Japan 151
Ein Land zwischen Comic und Kaiserreich in 151 Momentaufnahmen

Überarbeitete Neuauflage mit neuen beeindruckenden Einblicken

📖 ISBN 978-3-95889-252-1
🅴 ISBN 978-3-95889-306-1

Der ultimative Atlas gegen Heimweh

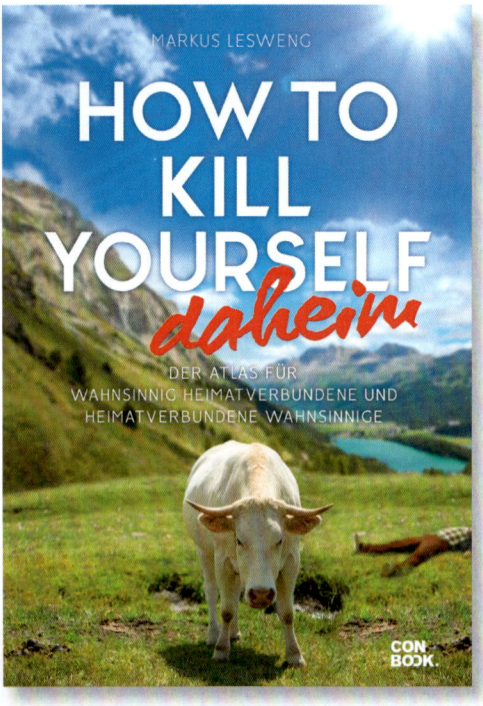

Deutschland, Österreich und die Schweiz – drei hochgradig unterbewertete Reiseländer, die jede Menge bieten können. Spektakuläre Vulkane, verlassene Testgebiete für nukleare Sprengkörper und haufenweise Giftspinnen gehören jedoch nicht dazu. Heißt das, man muss bei Ausflügen vor der eigenen Haustür auf den Nervenkitzel verzichten? Mitnichten.

Dieser Atlas nimmt Sie mit auf eine aufregende Reise quer durch die drei Länder und ihre risikoreichsten Orte. Zwischen Nordsee und Hochalpen finden sich nicht nur bekannte, aber gefährlich unterschätzte Sehenswürdigkeiten, sondern auch bergeweise Überraschungen.

VOM AUTOR VON »HOW TO KILL YOURSELF ABROAD«, DEM ATLAS FÜR DIE GEFÄHRLICHSTEN REISEZIELE WELTWEIT

Markus Lesweng
How to Kill Yourself daheim
Der Atlas für wahnsinnig Heimatverbundene und heimatverbundene Wahnsinnige

56 allerletzte Destinationen in Deutschland, Österreich und der Schweiz

ISBN 978-3-95889-303-0
ISBN 978-3-95889-229-0